KB120964

14세까지
공부하는 뇌를
만들어라

김미현 지음

메디치

프롤로그

아이들은 성적에 관심이 없다? 과연 그럴까?

사실 아이들은 부모님들이 상상하는 것 이상으로 성적에 관심이 많다. 성적은 학교생활에서 아이들의 자존감에 지대한 영향을 끼치기 때문이다. 단지 멋있게 보이기 위해서라도 소위 말하는 '문제아'도 공부를 잘하고 싶어 한다. 겉으로는 공부에 관심 없는 척할지 모르지만, 속으로는 유능해지고 싶은 마음을 갖고 있다. 다만, 한두 번 애써보아도 앞으로 나아가지 못하고 실패하다 보니 쿨한 척하는 것이다.

새로움에 대한 호기심과 학습 욕구는 인간의 타고난 본성이라고 한다. 학습의 강도와 속도를 조절한다면 누구나 즐겁게 공부할 수 있다는 얘기다. 나는 뇌의 무한한 가능성을 연구해왔고 다양한 배경을 가진 수백 명의 아이들이 공부하는 모습을 지켜봐왔다. 시간이 지나고 사례가 쌓일수록 "공부하는 걸 좋아하는 사람이 어디 있겠나?”라는 말에 의심을 품을 수밖에 없었다. 제대로 된 방법으로 원리를 배우고 문제를 풀어나갈 때 아이들은 분명히 즐거워했다.

평범한 가정에서 한 아이가 공부해온 과정을 들여다보자.

초등학교에 입학하기 전부터 엄마와 아이는 매일 문제집 열 쪽을 풀자고 다짐했다. 늘 엄마 말을 잘 따라줬던 아이는 엄마가 알려주는 공부 방법도 착실히 따라 했다. 시험 기간이 다가오면 문제집의 개념 풀이를 읽고 유형 문제들을 풀어냈다. 1학년 때부터 영어학원에 다녔고, 3학년이 되자 수학이 어렵게 느껴져서 수학학원도 다니게 되었다. 학원에서 보내는 시간이 점점 많아지고 시험 기간이 닥치면 주말까지 학원에 나가야 했지만, 다른 아이들도 다 이렇게 지내니까 그러려니 했다. 엄마는 아이가 성실하니까 다행이라고 생각했다. 4학년에 올라가서는 저학년 때만큼 성적은 안 나왔지만 ‘우리 아이는 대기만성형’일 거라고 굳게 믿었다.

그런데 초등학교 5학년이 되었을 때 위기가 찾아왔다. 아이 성적이 뚝 떨어진 것이다. 짐짓 여유를 부렸던 엄마도 더는 낙관적일 수 없었다. 아이는 여전히 열심히 공부하고 있고 학원 문제집을 풀면 점수가 괜찮은데, 어찌 된 일인지 학교 시험은 망치기 일쑤였다.

이런 사연으로 나를 찾아온 부모님들은 답답한 마음에, 지능 검사나 학습유형 검사를 받아보고 싶어 했다. 성적도 성적이지만, 아이가 공부에 영 흥미를 잃게 될까 봐 걱정을 했다.

이미 아이들은 많은 시간을 들여 공부를 해왔기 때문에 공부 시간을 늘린다고 해결될 문제는 아니었다. 그렇다고 지능이나 학습 유형이 답을 주는 것도 아니다. 지능은 뇌의 능력을 정확하게 판가름하지도 못할뿐더러, 학교 공부를 못 따라갈 정도로 지능이 낮은 아이는 매우 드물다. 시각형, 청각형으로 분류되는 아이의 학습유형 역시 성적과 큰 상관이 있지는 않다. 문제는 똑같은 시간을 책상에 앉아 있어도, 어떤 방식으로 공부했는가에 있다. 기억에 오래 남고 실력으로 쌓이는, 뇌가 좋아하는 공부를 해왔는지 점검해야 한다. 뇌과학은 학습의 비밀을 속속 밝혀내고 있다.

뇌과학은 공부 방법을 알고 있다

부모나 아이나 기왕에 하는 공부인데 잘못된 방법으로 시간과 체력을 낭비하고 싶지는 않을 것이다. 그런데 실제로는 반복학습에 시간과 돈을 쓰면서, 공부에 질리고 성적도 제자리걸음 하는 경우가 많다. 일례로 초등 저학년 아이와 부모는 연산 문제 풀기로 실랑이를 자주 벌인다. 어느 정도 반복은 필요하지만 완벽한 연산에 집착할 필요는 없다. 나이가 차면 자연스럽게 향상되기도 한다. 또

백점에 집착하다 보면 정작 중요한 개념 공부를 놓치게 되고 만다. 학원에 가면 비슷한 문제를 반복해서 푸는데, 이렇게 공부하면 문제가 조금만 달라져도 낯설어한다. 문제 패턴을 외웠을 뿐, 개념을 파악하지 못했기 때문이다.

쉬운 문제를 많이 풀어서는 실력을 쌓지 못한다. 어려운 문제를 원리를 따져가면서 풀어야 깊이 있게 이해하고 실력이 향상된다. 틀리더라도 끈질기게 물고 늘어지는 것은 시간 낭비가 아니다.

개인들의 갖가지 성공담과 공부 방법이 우리를 혼란스럽게 하지만, 다행스럽게도 뇌과학과 인지심리학은 제대로 공부하는 법에 대한 답을 갖고 있다. 뇌의 작동 원리를 알게 되면, 부모님들은 한결 느긋하게 아이를 기다려줄 수 있다.

자녀를 대신해서 부모님들은 학습 정보를 교환하기도 하고, '공부의 신'들이 말하는 각종 공부법을 찾아보기도 한다. 그러나 제각기 다 다르고 우연에 가까운 사례들이 많아서 무엇이 맞는 말인지 판단하기가 쉽지 않다. 밑줄을 긋거나 오답노트를 만드는 것이 모두에게 적용되는 방법이라고 누가 장담할 수 있을까?

뇌과학은 다음에 답할 수 있다. 무엇을 할 때 뇌가 가장 평온하며 언제 공부하기 좋은 상태가 될까? 뇌는 같은 내용을 반복해서 읽는 것을 좋아할까? 같은 시간을 쏟았는데 결과에 차이가 나는 까닭은 무엇일까? 지능의 차이는 극복할 수 없을까? 예를 들어, 벼락치기 90점과 꾸준히 공부해서 받은 90점이 어떻게 질적으로 다르며 어떤 차이를 가져올지 뇌과학은 알고 있다.

책에서는 잘못된 학습법과 함께 뇌가 좋아하는 공부의 원리를 제시하는 한편, 우리 교육 현실에 맞게 과목별로 구체적인 공부법을 정리했다. 예를 들어, 복습노트 쓰기, 라이트너 박스로 며칠에 걸쳐 같은 단어 외우기, 교과서 소제목 보며 예상하기 등은 뇌를 자극해서 기억이 오래가게 하는 공부법이다.

그 밖에도 적성과 지능, 감정이 뇌와 공부에 미치는 영향을 따져 보고, 미래에 가장 중요한 역량으로 꼽히는 창의성 개발에 관해서도 썼다. 여기서는 전형적인 학습과 창의성 간에 거리가 멀지 않다는 점만 우선 말해두겠다.

14세까지
공부 방법을 바로잡자

여전히 우리 교육에서 대학입시가 중요한 목표가 되는 현실을 고려해볼 때, 먼 미래도 중요하지만 입시를 위한 당장의 실력과 성적을 고민할 수밖에 없다. 최근에는 14세 즉, 중학교 1학년이 진로탐색을 위한 자유학기라 시간 여유가 있는 편이다. 늦어도 중1까지 공부 습관을 탄탄하게 잡는다면, 그 이후에는 아이도 부모도 서두르지 않고 자기 속도대로 공부해나갈 수 있다. 특히 본격적인 공부 습관이 잡히지 않은 초등학생 아이를 둔 부모님이 이 책에 소개된 방법으로 아이를 이끌어주신다면 좋은 선물이 될 것이다.

물론 애써 공부했는데 결과가 기대에 못 미쳐서 실망에 빠진 중·고등학생들이 직접 읽어준다면 저자로서 더할 나위 없이 보람을 느끼겠다. 그런 때에도 부모님께서 먼저 읽고 고정관념을 깨면, 더욱 과학적인 방법으로 아이를 도울 수 있을 것이다. 예를 들어, '산만한 공부'가 '하나에만 집중하는 공부'보다 뇌에는 훨씬 더 좋다.

마지막으로, 좋은 공부 방법과 습관은 학교 성적을 올리는 데 있어 타고난 지능을 능가하는 힘을 발휘한다는 점을 강조하고 싶다. 원고를 써나가면서 그간 만났던 수많은 학생들과 부모님을 떠올렸다. 시간으로 따져보니 아이들과 만나 이야기를 나눈 게 7천 시간이 넘는다. 여기에 소개된 사례들은 뇌과학이 발견해서 제시해준 프레임에 내가 아이들을 만나면서 겪은 경험들을 엮어서 만들어낸 것들이다. 사례를 읽으면서 독자들은 자신의 문제를 대입해볼 수 있을 것이다. 아이와 부모가 학습을 두고 겪는 문제는 우리 집과 옆집이 크게 다르지 않다. 독자들이 이 책을 통해 뇌의 무한한 가능성을 믿고, 결국 자기 자신을 믿게 되길 바란다.

차례

3장 뇌가 좋아하는 공부법

4장 뇌과학이 알려주는 과목별 공부법

5장 공부와 창의성을 연결 짓기

1장

뇌과학,
학교 공부와 만나다

일러두기

학생의 이름은 개인정보 보호를 위해 가명을 사용했다.

흔히 '공부는 엉덩이로 한다'고들 말한다. 맞는 말이다. 새로운 것을 탐구하든 알고 있는 것을 반복해서 익히든 오랜 시간 공을 들여야 한다는 사실은 변함없다. 엉덩이를 진득하니 붙이고 앉아 있어야 해낼 수 있다. 여기에 공부의 필수 요소를 더 보탠다면 '뇌'를 꼽아야 한다. 공부하는 시간을 확보했다면, 그 시간 동안 실제로 공부를 하는 것은 바로 '뇌'이다.

읽고 이해하고 기억하고 적용하고 문제를 푸는 모든 행동은 뇌가 주관한다. 눈과 귀가 돕고, 손이 거들고, 입이 표현하지만 정작 핵심적인 사고 작용은 뇌에서 맡고 있다. 공부를 잘하는지 못하는지는 뇌와 밀접하다는 뜻이다.

뇌과학과 공부의 관계를 아이들에게 설명하면, 하나같이 눈을 반짝이며 귀를 기울인다. 뇌를 단련시켜서 '공부 잘하는 나'를 만들 수 있다는 말이 그 어떤 격려보다 힘이 나게 하는 것 같았다.

뇌가 달라진다는 것을 믿나요?

“알아. 아는데 잘 안 고쳐지네.” 살다 보면 한 번쯤은 하게 되는 말이다. 아는 것과 행동으로 옮기는 것은 다르다. 어떤 이야기를 듣고 “아, 그렇구나” 하고 이해하면 우리는 그것을 안다고 생각한다. 그런데 이해하는 것만으로는 ‘안다’고 할 수 없다. 그 지식이 행동을 바꿀 수 있는 힘을 가져야 진짜인 것이다. 아이들 공부도 마찬가지다. 공부를 열심히 하면 잘할 수 있다는 것을 모르는 아이는 없다. 그런데도 열심히 하지 않는 것은, 열심히 하면 성적이 오를 거라는 확신이 없기 때문이다.

‘열심히 하면 잘할 수 있을까? 에이, 내가 어떻게 80점을 받겠어? 열심히 했는데도 안 되면 시간만 버리는 거잖아. 피시방도 못 가고 재미있는 것들을 다 포기해야 하는데…. 잘한다는 보장도 없는데….’

이래서 달려들지 않고 있는 것이다. 노력하면 틀림없이 나아진다는 확신만 있으면 많은 아이들이 순간의 재미를 버리고 공부를 선택할 텐데, 그 확신을 주는 일이 생각보다 어렵다.

"저는 공부가 적성에 안 맞나 봐요. 수학은 포기했어요. 쓸 데도 없는데 시간만 많이 걸리고. 미술학원 다니면서 학교 수업 잘 듣고 숙제해서 내고, 그 정도만 하려고요."

이렇게 말하면서 다빈이가 자꾸 내 눈을 피했다. 바로 그 자리에서 그래도 최선을 다해보자고 설득을 하면 반발심만 살까 봐, 나는 말없이 고개만 끄덕였다. 다빈이는 중학교에 들어와서 1년간 학교 성적 때문에 상처를 많이 받은 아이였다. 또다시 실패하지 않기 위해서 아예 시도하지 않기로 마음먹은 것 같았다.

"다빈아, 네 말대로 그렇게 하자. 수업 잘 듣고 숙제나 열심히 해보자."

그로부터 일주일이 지나서 2학년 새 학기가 시작되었다. 다빈이는 약속대로 수업을 잘 듣고 숙제가 나오면 미루지 않고 바로바로 해치웠다. 예전과는 다른 모습이었다. 다빈이는 자포자기한 것처럼 말은 했지만 포기하지 않고 애쓰고 있었다. 3주쯤 지났을 때, 나는 무심한 듯이 '뇌 이야기'를 건넸다.

"공부를 하면 성적은 조금 더디게 바뀌어도, 뇌는 금세 달라져.

점수를 올리려고 뇌가 먼저 준비를 하는 거야. 사람들은 뇌가 변

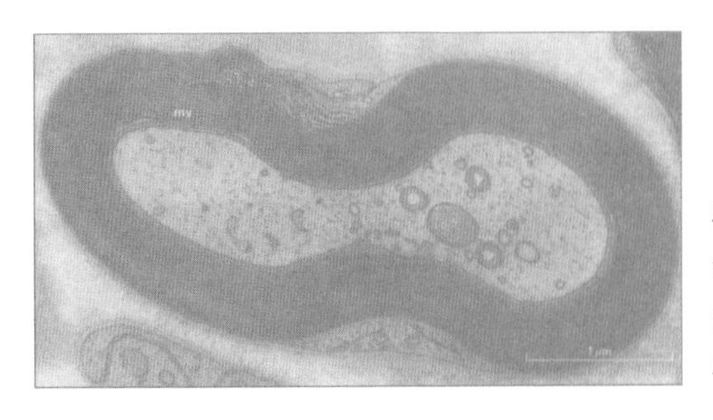

뉴런 축삭의 단면. 공부를 열심히 하면 눕혀 놓은 8자 모양의 테두리 부분(미엘린)이 두꺼워져 정보 누수가 적어진다.

하지 않는다고 생각해왔어. 하지만 뇌과학이 발달하면서 새로운 사실들을 알려줬지. 뇌는 어떻게 생각하고 행동하는가에 따라서 조금씩 계속해서 달라진다는 거야."

다빈이에게 설명한 것이 '뇌의 가소성(유연성)'이다. 나는 노력하는 다빈이에게 힘을 실어주고 싶었다. 열심히 하는 만큼 달라지는 뇌에 대해서 이야기를 해주면 어려워도 포기하지 않고 계속 해나갈 힘이 생길 거라고 믿었다. 사람들은 객관적인 증거를 보면 잘 믿게 된다. 나는 아이들의 마음을 움직이기 위해서 종종 과학의 힘을 빌린다. 공부를 했을 때 뇌가 어떻게 달라질 수 있는지 뇌세포(뉴런)가 활성화되는 사진을 보여주면 아이들은 눈을 반짝이고 귀를 기울이다.

"진짜 뇌가 달라진다고요?"

"그럼. 전자현미경으로 실제 사람의 뇌를 찍은 거야."

열심히 하면 너도 잘할 수 있다는 '다정한 격려'보다 사진 한 장에 담긴 '건조한 과학'이 아이들의 마음을 움직이는 데 훨씬 효과가 있다. 공부하면 뇌세포가 매일매일 달라진다는 증거를 열심히 공부해야 할 이유로 삼을 수 있다. 뇌가 달라지면 더 잘 기억하고 추론하고 문제를 잘 풀 수 있게 된다는 것을 아이들은 놀라워하면서 받아들였다.

오히려 부모님들이 고정관념에서 벗어나지 못하는 경우가 많다. 아이는 부모인 자신이 가장 잘 안다는 식이다.

"그렇게 쉽게 달라질까요?"

나는 그분들께 이렇게 말씀드리고 싶다.

"뇌는 아이들의 잠재력을 차별하지 않습니다."

IQ로 학습 능력을 판단하지 못한다

아이가 성적이 나쁘면, 그때부터 부모의 머릿속은 복잡해진다. 왜 공부를 못하지? 뭐가 문제일까? 어떻게 하면 공부를 잘할 수 있을까? 머리가 나쁜가? 공부하는 방법이 잘못되었나? 혹시 우리 아이에게 맞는 공부 방법이 따로 있는데 그걸 못 찾고 있는 건 아닐까? 공부할 운을 못 타고났나?

도대체 무엇이 잘못되었는지 이유를 찾고 싶어진다. 이유를 알아야 처방을 할 것 아닌가. 답답한 엄마는 진단법 쇼핑에 나서게 된다.

이를테면 이런 식이다. 아이가 타고난 머리가 좋은지 나쁜지 알아야 할 것 같아 지능 검사를 한다. 대개 수재급으로는 나오지 않아도, 공부하는 데 지장이 될 만큼 나쁜 머리도 아니라는 진단을 받는다. 그렇다면 이번에는 아이가 잘못된 방법으로 공부하는지 조사하고 싶어진다. 학습방법 진단검사가 이 궁금증을 풀어줄 것이다. 내친김에 지금 하는 공부 방법이 아이 성격이나 기질과 맞는지 알아보기 위해 학습유형 검사를 받아보기도 한다. 검사 결과가 다 괜찮다면 이제 남은 것은 사주팔자뿐이다. 명리학이나 별자리에 기대서라도 우리 아이가 왜 공부를 못하는지 그 이유를 찾고 싶은 게 엄마 마음이다.

몇 년 전 가을에 만난 서우는 자기 생각을 조리 있게 말할 줄 알고 이해력도 좋은 똘똘한 아이였다. 서우가 처음 상담실에 왔을 때는 초등학교 5학년이었는데, 어머니는 부진한 학교 성적이 고민된다고 했다. 아이가 책상에는 제법 앉아 있는 것 같은데 점수가 나오지 않는다며 근심스러운 얼굴로 물었다. "머리가 나빠서 그런가요?"

서우는 나를 찾아오기 전에 이미 여러 차례 상담소와 병원에서 이런저런 학습 관련 검사를 받은 경험이 있었다. 서우 엄마는 지능

고민맘

선생님, 학교에서 진단 결과가 나왔는데,
아들 IQ가 100이래요.
괜찮을까요?

뇌의 힘

IQ는 지적인 능력에 장애가 있는지
점검하는 도구일 뿐이에요.
평균 이상만 되면, 높고 낮은 것이 공부를
잘하는 것과 크게 상관은 없어요.

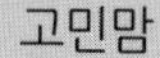

고민맘

아이 머리는 엄마를 닮는다고 하던데,
그래서 위로하시는 건 아니죠?

뇌의 힘

…

뇌의 힘

아들이 엄마 머리를 닮는다는 얘기도
있기는 하죠.

뇌의 힘

하지만 뇌가 변화무쌍하다는 걸 기억
해주세요. 지금부터 어떻게 하느냐에
따라 뇌는 달라질 수 있습니다.
그게 뇌의 가소성이에요.

검사, 인성 검사, 학습유형 검사, 학습효율성 검사의 결과지를 챙겨오셨다. 검사 결과를 보니 서우의 지능은 평균 수준이었고, 우울과 불안 수치가 높게 표시되어 있었다. 학습효율성과 학습동기는 모두 최하 수준이었고 학습유형은 시각 자료 선호 유형으로 분류되었다. 그런데 서우 엄마는 이 많은 데이터 중에서 오직 지능 점수와 학습유형에 큰 관심을 보였다. 부모님은 물론이고 친가와 외가 양쪽에서 첫째 손주인 서우에게 거는 기대가 커 보였다. 지능이 평균 정도이고 시각 자료를 선호하는 서우가 공부를 잘하려면 어떻게 해야 하는지 특별한 처방전을 받고 싶어 했다.

여러 방법을 써봐도 일이 잘 안 풀릴 때 점집이라도 가고 싶은 게 보통 사람들이다. 흔하지는 않지만 명리학이나 별자리 등에 기대어 아이를 판단하는 부모님도 있다. 몇 날 몇 시에 태어났으니 우리 아이는 초년에는 공부 운이 따르지 않지만 마흔이 넘으면 대학자가 될 운세라며 여유 있게 아이를 바라보는 어머니를 본 적이 있다. 이런 경우는 그나마 아이를 다그치지는 않을 테니 다행이다. 초년에 공부 운이 있다고 점괘가 나왔는데 아이 성적이 신통치 않으면, 타고난 운을 현실로 만들려고 엄마는 더 몰아붙인다. 그 부모님들처럼 서우 엄마도 아들이 공부를 왜 못하는지, 어떻게 하면 잘할 수 있는지 알고 싶어서 여러 가지 검사를 했을 것이다.

그런데 학업 성적은 지능지수, 학습유형, 학습방법 등의 검사 점수만으로 예측할 수 있는 게 아니다. 물론, 평균적으로 공부를 잘하는 아이들의 지능지수가 그렇지 못한 아이들보다 높은 건 사실이다. 이런 경우에는, 지능지수가 높아서 공부를 잘한다기보다 반대로 공부를 잘해서 지능지수가 높아진 경우가 많다.

그렇다고 해도 학습방법 검사는 한 번쯤 해볼 만한 가치가 있는 검사다. 학습방법 검사에서는 매일 복습은 하고 있는지, 적절한 읽기 전략과 기억하기 전략을 사용하고 있는지 묻는다. 공부를 잘하는 아이들이 좀 더 효과적인 공부 방법을 쓰고 있을 가능성이 높다.

IQ와 학습유형은 성적과 관계없다

지능은 그간 쌓은 경험과 지식의 양에 따라 달라질 수 있다. IQ는 고정된 숫자가 아니라 학습에 따라 달라진다고 보는 게 맞다. 바꿔 말하면, 지금부터라도 공부를 열심히 하면 IQ를 높일 수 있다는 말이다. 학습유형도 공부를 잘하고 못하는 데 큰 문제가 안 된다. 공부에 대한 관심이 과열되다 보니 IQ에 이어 학습유형 검사가 세간의 관심을 사고 있는 것은 사실이다. 그러나 이 모든 것들이 학습을 일으키는 뇌의 원리를 알고 나면 부질없다고 느껴질 것이다.

예를 들어, 어떤 아이는 공부할 때 시각 자료를 선호하고, 다른 아이는 청각 자료를 선호할 수 있다. 그렇다고 선호하는 학습유형에 맞춰 공부해야 더 잘 배운다는 뜻은 아니다. 한때 학습유형에 관한 관심은 세계적인 현상이었다. 학생이 선호하는 학습유형과 실제 공부 스타일이 일치하면 학습능력이 향상되는지 많은 연구가 이루어졌다. 미국의 심리학자 파쉴러(Harold Pashler) 등이 종합해서 얻은 결론은 학습유형에 맞추는 배움이 더 효과적이지는 않다는 것이다. 그뿐만 아니라 개인마다 선호하는 학습유형이 과연 실제로 존재하는지 의구심을 나타냈다.

공부를 못하는 이유는 지능이 낮거나 공부 방법이 좋지 않거나 태어난 생년월일이 공부 운과 맞지 않아서가 아니다. 이유는 단 하나, 공부를 열심히 하지 않았기 때문이다. 열심히 읽고 외워서 머릿속에 지식을 넣고, 문제를 풀기 위해 골똘히 성실하게 머리를 쓰면 공부를 잘할 수 있다. 그런데 바로 그 일을 하지 않은 것이다.

학습은 뇌의 작용으로 이루어진다. 수학 공부를 하다가 '함수'라는 새로운 개념을 만나면 그 개념을 이해하기 위해 수많은 뇌세포(뉴런)가 활성화된다. 이것이 학습의 시작이다. 이렇게 해서 이해된 개념을 잊지 않고 오래 기억하려면 반복해서 되뇌어야 한다. 반복하면 그때마다 처음에 활성화되었던 뉴런들이 다시 동시에 활성화된다. 이런 과정을 통해 학습이 완성되면 '함수'라는 개념을 품은 하나의 신경망이 형성된다.

개념을 이해하고 암기하는 것, 이것이 학습의 기본이며 뇌세포의 작용으로는 이렇게 간단히 설명된다. 이런 노력을 꾸준히 하면 뉴런들의 연결이 많아지고 단단해진다. 다음번에 새로운 개념을 만나도 더 빨리 이해하고 더 잘 외우게 된다. 그 결과로, 지능 검사에서도 좋은 점수를 받을 수 있다. 잘하고 싶고 잘할 수 있다는 생각으로 꾸준히 뇌를 사용한다면 지능이나 학습유형 등이 만들어내는 개인차는 쉽게 극복할 수 있다.

열 살 때는 IQ 148, 몇 년 뒤엔 IQ 128?

'지능은 달라질 수 있는가?'라는 질문에 답이 될 만한 개인적 체험을 소개하려 한다. 초등학교 때 나는 천재 소리를 들었다. IQ가 무려 148이었다. 그런데 중2 때 다시 재어본 내 지능은 128이었다. 이런 경우 우리는 뒤에 한 검사가 잘못된 것이라고 우기며 살아간다. 물론 나중에 처지게 나온 IQ를 받아들이며, "난 평범해! 평범하게 살자!"를 신조로 살아가는 쿨한 사람들도 있다.

평범한 우리를 웃기고 울리는 지능 검사는 1905년 프랑스의 심리학자 알프레 비네(Alfred Binet)가 세계 최초로 개발했다. 당시 목적은 정규 교육을 잘 따라가지 못하는 지체아동을 찾아내서 특수교육을 하기 위해서였다. 오늘날 개인의 지적 잠재력을 평가하는 잣대로 사용되고 있는 것과는 전혀 다른 용도였다. 비네는 지능 검사가 가져올 부작용을 미리 예견이라도 한 듯 검사 결과를 수량화 하는 것에 반대했다. 수많은 지능 연구자들도 지능지수가 고정된 수치가 아니라고 계속해서 발표해왔다. 그러나 비네의 우려대로 우리는 지금 큰 의미 없는 숫자 하나로 개인의 잠재력을 저울질한다.

반드시 기억할 것은 지능은 변한다는 점이다. 지능 검사로 재는 모든 능력은 측정 당시의 뇌의 성능을 나타내는 것이다. 그런데 그것은 개인의 노력에 따라서 시시각각 달라진다. 더 많은 자극에 노출되고 그 자극에 의미를 부여하고 의미 있는 내용을 반복해 연습하면 지능은 향상된다. 뇌의 이런 성질을 '가소성(쉽게 변형되는 성질)'이라고 부른다. 그러니 높은 IQ 점수를 얻고 싶으면 평소에 꾸준히 뇌를 쓰는 공부를 하면 된다.

수학 잘하는 뇌는 따로 없다

가장 어려운 과목이 무엇이냐고 물어보면 대부분의 아이들이 수학이라고 답한다. 수학 때문에 아이들이 학원에 가고 과외를 받는다. 혼자서는 공부할 수 없는 과목이라고 믿기 때문이다. 그런데 학원에 다녀도 점수가 안 나오면 이런 생각을 하게 된다. 혹시 수학을 잘하는 머리가 따로 있는 것은 아닐까? 최신 뇌과학과 인지심리학의 연구 결과는 그렇지 않다고 대답한다. 수학 공부를 열심히 하면 관련 뇌 영역의 기능이 향상되어서 그 결과로 수학을 잘하게 된다는 것이다.

몇 해 전, 겨울방학을 맞아 수학 공부에 관한 실험적인 프로젝트를 감행했다. 대상은 중학교 1학년으로, 3주 동안 매일 만나서 수학 공부를 집중적으로 해보자는 '무시무시한' 제안을 받아들인 아이들이었다. 수학학원의 방학 특강처럼 보여도 수학 강사가 없는 수상한 프로젝트였다. 일주일에 닷새, 아침 9시부터 오후 1시까지 3주 동안 함께했는데 애초부터 수학을 '가르치겠다는' 의도는 없었다.

아이들과는 각자 수준에 맞는 문제집을 갖고 와서 문제를 풀기로 약속했다. 단, 꼭 지켜야 하는 조건이 하나 있었다. 어려운 문제 골라 풀기. 문제집을 하루에 몇 장씩 풀라든지 제한된 시간 안에 풀라는 제약은 없었다. 가르치지도 않으면서 앉혀 놓고 무조건 문제를 풀게 하는 다소 무모하고 비효율적으로 보이는 프로젝트였다. 아이들의 수학 실력은 대체로 낮은 편이었지만, 상위권인 아이도 있었다. 실력 차이는 아무런 문제가 되지 않았다. 각자 문제집으로 제각기 속도로 풀면 되니까.

어려워서 제쳐 두었던 문제풀기

나는 몇 년 동안 중학생들의 수학 고민을 상담하면서 안타깝고 답답하다는 생각을 떨칠 수 없었다. 성적이 낮더라도 중학교 수학 정도는 풀어낼 수 있는 머리를 가진 아이들이었다. 그런데 수학을 싫어하는 마음, 수학에 대한 두려움 같은 것들이 걸림돌이 되어 수학을 만나지 못하고 있었다.

'수학 하는 머리를 만들어보자. 그러려면 진짜 수학 문제를 풀어 보게 해야 해. 쉬운 문제만 깔짝대면서 두려움과 불안을 키워 온 아이들에게 수학적 사고력을 쓸 기회를 주자.'

제대로 쓰지 않고 잠재우고 있는 논리력, 추상화 능력, 상상력, 집중력을 총동원해서 문제를 풀 기회를 준다면, 그리고 이 경험을 일정 기간 반복하게 하면 틀림없이 아이들의 뇌가 달라질 수 있다고 믿었다. 확신은 있었지만 나 역시도 용기를 내야 했다.

내 역할은 강사가 아니라 코치였다. 중학교 1학년 수학 문제 정도는 옆에서 도움이 되는 지침을 줄 수 있었다. 수학 지식은 대부분의 부모님들이 비슷한 처지일 것이다.

프로젝트 첫날, 아이들과 간단한 자기소개를 한 뒤에 프로젝트의 목적을 알려주었다.

"지금부터 3주 동안 우리는 매일 만나서 지난 1년간 배운 수학을 복습할 겁니다. 예전에 풀었던 수학 문제집에서 어려워서 손도 못 대고 넘어갔던 문제들이 있을 거예요."

아이들은 동의한다는 표시로 살짝 웃었다. 잘하는 아이는 잘하는 아이대로, 못하는 아이는 또 그런대로 뛰어넘지 못한 장애물이 있을 테니까.

"어려운 문제를 골라서 풀어볼 거예요. 문제를 풀다 막혀도 여기에는 가르쳐줄 사람이 없어요. 그러니 누구한테 도움받아서 풀 생각은 하지 않는 게 좋아요. 한 문제를 푸는 데 시간제한은 없어요. 30분도 좋고 1시간도 좋아요. 그 문제와 연결지어 생각할 거리가 있으면 멈추지 말고 계속해보는 거예요. 잘 안 풀리면 앞으로 돌아가서 개념을 다시 읽어보거나 조금 쉬운 문제를 풀어보는 것은 괜찮아요. 이렇게 하는 이유는 여러분의 수학적 두뇌를 개발하기 위해서예요.

우리 뇌의 여러 영역 중에서 수학 문제 해결을 담당하는 부위가 있는데, 그곳을 집중적으로 자극해서 발달시키기 위한 것이라고 생각하면 돼요. 그러니까 어려워서 잘 안 풀려도 좌절하지 말고 '내 수학뇌가 좋아질 기회가 왔구나' 하고 생각하세요. 끝까지 밀어붙이면 뇌가 조금씩 말랑해집니다. 여러분의 수학뇌는 그동안 많이 사용하지 않아서 딱딱하게 굳어 있거든요. 이 방을 뛰쳐나가고 싶을 만큼 힘이 들면 그때는 조용히 손을 들어요. 자, 시작!"

아침 9시에 공부가 시작되면 네 시간 동안 계속되었다. 중학교 1

학년 아이들에게는 꽤 긴 시간이어서 처음 사흘 동안은 아이들이 매우 힘들어했다. 나중에 안 일이지만, 이틀 해보고 집에 가서 빠지겠다고 한 아이도 있었다. 그러나 다행히 포기한 아이는 한 명도 없었다. 추운 날씨였지만 전원 모두 주변 공원에 나가서 한바탕 뛰다 들어온 적도 있었고, 한 시간에 한 번씩 잠깐이라도 밖에 나갔다 오고 싶어 하는 아이도 있었다. 그 정도는 허락이 되었지만 산만하게 계속 자리를 이탈하는 것은 금지했다.

아이들은 처음 하루 이틀은 팔로 턱을 괴고 입을 삐쭉 내민 채 멍하게 있거나, 이마를 책상에 박고 "으으으~" 소리를 내고, 연습장에 연필을 쿡쿡 찍으면서 짜증을 내는 등 문제를 풀기보다는 스트레스를 발산하는 데 대부분의 시간을 보냈다. 그럴 때마다 나는 다가가서 그때까지 풀어 놓은 것을 확인하고, 바로 그 내용을 소리 내서 읽었다. 자기가 풀었지만 다른 사람이 읽는 것을 들으면 머릿속에서 정리가 되고 그러다가 아이디어가 생기기도 한다.

"여기까지 했으면 중요한 건 거의 다 짚었네. 조금만 더 하면 답이 나오겠어." "처음부터 막막하구나. 이럴 때는 몇 쪽 앞으로 가서 조금 쉬운 문제를 풀어보자. 그리고 돌아와서 다시 해봐." "문제를 소리 내서 다시 한번 읽어보자."

나는 수학을 가르치지 않았고 옆에서 생각만 촉진했다. 이 정도의 개입으로 충분했다. 아이가 어릴수록 생각의 방향을 바꿔주고 응원해주는 게 큰 도움이 된다.

힘든 고비를 넘겨야 뇌가 달라진다

두 번째 주 중반에 들어서자 분위기가 한결 차분해졌다. 아이들 대부분이 시선을 연습장에 집중하고 뭔가를 열심히 썼다. 나도 아이들의 등 뒤에 서서 문제를 풀었다. 아이들이 푸는 문제들을 나도 풀어봐야 깊은 대화를 나눌 수 있다. 그러니 코치 역할이 마냥 쉽지는 않다. 아이들 중에는 문제 하나를 한 시간이나 붙잡고 치열하게 풀어낸 아이도 있었다. 나도 옆에서 애가 탔지만, 아이가 결국 해냈을 때는 성취감도 함께 느꼈다.

서영이는 아이들 중에 수학 성적이 가장 낮았다. 그런데 이번 프로젝트에서 가장 많이 발전했다. 지금까지 단 한 번도 수학을 잘한다는 소리를 들어보지 못했다는 아이였다.

서영이에게 "수학에 소질이 있구나"라는 말을 해주었더니 환하게 웃었다. 만약 여느 아이들처럼 정해진 시간 안에 쉽고 비슷비슷한 문제들만 계속 풀었다면, 그런 기쁨은 맛보지 못했을 것이다.

마지막 주인 셋째 주에는 아이들이 어려운 문제들을 제법 잘 처리했다. 그토록 어렵게만 느껴지던 문제가 술술 풀리자 아이들은 환호성을 질렀다. 혼자 힘으로 소금물의 농도를 구하는 문제를 해결한 명진이는 이런 변화가 믿기지 않는다고 했다. 공식을 찾아 꿰어맞추기 급급했는데 차분하게 원리를 생각하다 보니 이해가 간다고 했다. "이렇게 하면 되는구나"라는 말을 여러 차례 했다.

아이들은 활용 문제를 어려워한다. 숫자만 나오는 계산 문제는 반복 훈련으로 곧 익숙해지지만, 거리와 속력을 묻거나 가족의 나이를 구하는 문제, 신입생 중 여학생과 남학생의 수 등 생활 속 예제를 만나면, 어떻게 접근해야 할지 몰라 허둥댄다. 실제로 그런 상황에 부닥쳤다고 상상해보고 원리를 따져가면서 풀어야 하는데 공식부터 떠올리게 된다. '이럴 때는 어떤 공식을 써서 풀라고 했지?' 하며 기억 속을 뒤지는 동안 수학적 사고력은 멈춘다.

이번 프로젝트의 가장 큰 성과는 아이들이 원리를 따지기 시작했다는 점이다. 분명히 달라지고 있었다. 아무도 끼어들지 못하게 하고 '문제와 나' 단둘이서 만났기 때문이다. 이제는 어려운 문제를 피하지 않고 도전하는 태도가 만들어졌다. 오래 붙잡고 요리조리 두드리고 치고받다 보면, 단단한 바위 같았던 문제들도 조금씩 틈을 보이기 시작했다. 아이들은 스스로 경험하면서 깨달았다. 프로젝트를 마치고 소감을 발표하는 자리에서는 수학을 조금 좋아하게 되었고 자신감도 생겼다고 말했다.

총 60시간의 전투를 치른 뒤, 아이들은 문제를 읽을 때 무엇을 구하라는 말인지 따져가면서 읽게 되었고, 어떤 공식을 대입할까 주춤하는 대신에 문제가 제시하는 상황을 머릿속으로 그려보고 자신의 논리를 작동시켜 해법을 찾으려고 노력했다. 진짜 수학 공부를 시작한 것이다. 수학 문제를 푸는 것과 관련된 뇌 영역의 활성화 수준이 높아졌을 것이다. 정보를 보내는 길인 시냅스 연결(34쪽 참조)이 더 많아지고, 정보의 누수를 막는 미엘린(56쪽 참조)이 더 탄탄해졌다. 전에는 손도 못 대던 문제들을 자기 힘으로 풀기 시작했다는 것이 그 증거다.

수학을 잘하는 뇌는 따로 있는 게 아니다. 그러나 더 나은 수학 공부법은 있다. 혹시 지능 검사에서 아이의 수학지능 점수가 낮게 나왔어도 너무 걱정하지 않아도 된다. 달라질 수 있다는 확고한 믿음을 갖고 제대로 된 수학 공부 방법을 계속 실천한다면, 수학 잘하는 뇌를 가질 수 있다. 좀 더 구체적으로, 학교 수학을 잘하기 위한 공부법은 4장에서 자세히 다루겠다.

고효율 학습자의 머릿속

똑같은 시간을 들여 공부하고 일해도 누군가는 훨씬 더 나은 결과를 얻어서 부러움을 산다. 문제해결을 잘하고, 기발한 아이디어를 잘 내고, 기억을 잘하는 사람들의 뇌는 무엇이 다른 것일까? 이들의 머릿속은 뉴런(뇌세포)의 수상돌기가 무성하고 시냅스 네트워크가 촘촘하게 연결되어 있다고 한다. 시냅스는 뉴런의 수상돌기와 인접 뉴런의 종말단추 간의 연결이다. 시냅스 연결이 많아지면 새로운 문제를 만났을 때 여기저기 정보를 끌어올 곳이 많아진다.

뇌는 단단한 두개골에 싸여 있어서 얼핏 생각하면 늘 그대로일 것 같지만 사실은 그 속에서 시시각각 변한다. 지금 무엇을 보고 듣고 어떤 행동을 하는지에 따라 바로 다음 순간 뇌의 상태는 달라진다. 시냅스의 네트워크는 얼마든지 확장시킬 수 있다. 몸의 근육을 변화시키는 것보다 훨씬 짧은 기간에 뇌의 형태를 변화시킬 수 있다. 이러한 뇌의 가소성은 어린아이뿐만 아니라 노인의 뇌에도 동일하게 적용된다고 하니 한편으로는 기쁘지만, 나이를 핑계로 쉬고 싶었던 이들에게는 고단한 소식이 될 것 같다.

공부를 많이 한다고 해서 뉴런의 수가 늘지는 않는다. 천억 개에

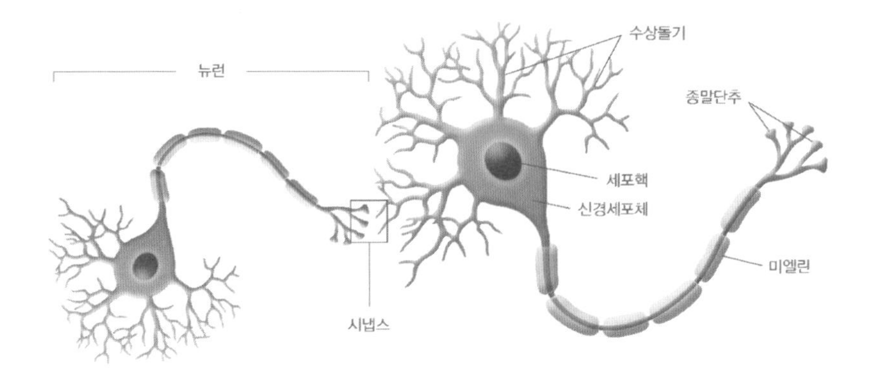

뉴런의 수상돌기와 인접 뉴런의 종말단추 간의 연결을 시냅스라고 한다.

서 일조 개로 추정되는 뉴런의 개수는 평생 소멸하기는 해도 생성되지는 않는다. 대신에 경험을 많이 하고 다양한 자극을 받으면, 뉴런에서 더 많은 수상돌기가 뻗어 나와 무성한 수상돌기 숲을 이루게 된다. 그리고 뻗어 나온 수상돌기는 인접한 뉴런의 종말단추와 신호를 주고받는 시냅스 연결을 이룬다. 따라서 공부를 많이 하면 많은 수상돌기와 수많은 시냅스 연결이 있는 뇌를 갖게 된다.

정서 뇌가 성적을 좌우한다

감정을 숨기고 기분을 조절하면서 잘 지내다가도, 더는 참을 수 없는 순간이 오면 폭발하고 마는 경험을 해보았을 것이다. 일상생활에서 우리는 기분 내키는 대로 행동하지 않으므로 '감정이 허락할 때만 이성이 작동한다'는 말을 들으면 고개를 갸웃거리기 쉽다. 사실 이성적으로 행동하는 것은 감정이 잘 받쳐주었던 결과이다.

아이들의 공부를 전면에 나서서 끌고 가는 것은 이성의 뇌이다. 읽고 이해하고 계산하고 외우는 등 이 모든 일은 이성의 힘으로 이루어진다. 그런데 이성이 제대로 능력을 발휘하기 위해서는 정서가 말썽을 일으키지 않아야 한다. 극도로 우울하거나 불안할 때는 공부를 제대로 할 수 없다. 어떤 때는 이성의 뇌가 정서 뇌의 덕을 보기도 한다. 적당한 긴장이나 흥분은 공부하기에 좋은 최적의 각성 상태를 만든다.

최근 들어 정서 뇌의 문제로 상담을 요청하는 아이들이 부쩍 늘었다. 사회의 경쟁이 극심해지면서 가정이나 학교에서 긴장 상태로 지내는 시간이 많기 때문인 것 같다. 정서 문제는 나이가 든다고 저절로 해결되지 않는다. 고치지 않고 두면 어른이 되어서도 친구나 직장 동료들과 자꾸 부딪히면서 문제가 더 심각해질 수 있다.

이처럼 청소년기의 감정 관리는 당장의 공부에도 중요하고, 앞으로의 사회생활에도 큰 영향을 끼친다. 이성적인 공부법을 본격적으로 배우기 전에 감정 관리를 찬찬히 들여다보자.

감정 폭발과 털어놓기

민주는 감정 변화가 유난히 심한 아이였다. 민주와 상담 약속이 있는 날이면 나는 아침부터 긴장이 되었다. 고1 때 처음 만났을 때는 어찌나 말을 조리 있게 잘하던지 부모님의 염려가 이해가 안 될 정도였다. 한 달쯤 지났을 때도 차분하고 예의 바르고 학습동기도 높아보여서 아무 문제 없이 학습 습관을 바로잡을 수 있을 것 같았다. 그러나 시간이 좀 더 흘러 상담에 편안하게 적응되자, 민주는 예의를 거두고 감정을 쏟아내기 시작했다. 맨얼굴이 드러나자 민주가 왜 상담실을 찾게 되었는지 비로소 이해가 갔다. 친구와 다툰 일, 불공평한 선생님께 따지고 달려든 일, 엄마에 대한 불만 등 민주는 상담실을 찾을 때마다 폭발 직전의 분노를 한 보따리씩 가지고 와서 풀어 놓았다.

공부에 대한 이야기는 나눌 겨를이 없었다. 그렇게 민주의 심리 상태를 들어주는 일로만 몇 주가 흘렀다. 어쩌다 잠깐 틈을 내서 학습 상태를 확인해보면 염려했던 것과 달리 잘해나가고 있었다. 상담을 시작하고 석 달쯤 지나자 성적도 많이 오르고 정서도 안정되어갔다. 계속 만나지 않아도 될 것 같았다. 나는 민주에게 혼자서도 잘해나갈 수 있을 것 같으니 그만 만나도 될 것 같다고 말했다.

그 말에 민주는 고개를 떨구며 눈물을 보였다. 학교에서도 집에서도 속내를 얘기할 사람이 없어서 늘 우울하고 답답한데, 이제는 어디에서 털어놓느냐고 하소연을 했다. 상담실에 와서 모든 걸 쏟아놓고 한바탕 푸닥거리를 하고 나면 김이 쑥 빠지면서 분노와 짜증이 많이 누그러졌고, 그래서 공부를 할 수 있었다고 했다.

나로서도 신경질에 가까운 민주의 푸념을 들어주는 일이 쉽지 않았다. 민주도 그런 내 마음이 느껴졌던지, 사람들이 모두 자기를 피한다면서 서러워했다.

그간 민주는 감정을 토로하는 것만으로도 정서 뇌를 차분히 가라앉히면서 이성의 뇌를 가동할 수 있었다. 분노조절이 잘되지 않는 자녀를 두었다면, 부모님들은 가장 먼저 아이들이 편안하게 속내를 털어 놓을 수 있는 분위기부터 만들어야 한다.

"무슨 일로 왔니, 희주야?"

희주는 어릴 적 부모님을 따라 유럽 여러 나라를 두루 다니면서 성장했고, 문화적인 도시에서 훌륭한 미술작품을 보면서 화가의 꿈을 키워온 아이였다. 한국에 들어와 예술고등학교를 지원했지만 실패했고 그때부터 방향을 잃고 방황하고 있었다. 부모님 역시 희주의 재능을 믿고 기대가 컸던지라 고교 진학 실패에 대한 충격이 상당했다. 아이를 위로하고 격려해서 한 번 더 도전을 해보든지 아니면 인문계 고등학교에 진학 후 미술대학에 들어가는 방법을 택

했다면, 부담이 좀 줄었을지 모른다. 그러나 희주는 혼자서도 잘 해내는 것을 보여주겠다면서 학교나 학원에 가지 않고 홈스쿨링을 했다. 독서량도 많고 성취 욕구도 강한 편이어서 공부하는 데 큰 어려움은 없어 보였다.

"요즘 지내기에 뭐 불편한 일이라도 있니?"

"새벽까지 잠이 안 와요. 그리고 공부에 집중을 못 하겠어요. 불안하고 답답해요."

예민한 성격의 희주는 미래에 대한 불안으로 불면증에 시달렸는데, 설상가상으로 엄마의 잔소리는 끊이지 않고 있었다. 엄마는 고등학교 입시 실패를 희주 탓으로 돌리며 하루도 빠짐없이 아이를 몰아세웠다고 한다. "너 혼자서 잘할 수 있겠어?" "어디라도 들어가지 왜 고집을 피우니?" "더 열심히 해야지 이렇게 해서 되겠어?" 등등.

이런 잔소리를 들으며 온종일 방에 틀어박혀 공부하다 보면 머리가 돌아버릴 것 같다고 했다. 공부량을 늘리라는 성화 때문에 새벽까지 멍하니 책상에 앉아 있어서 불면증만 생겼다고 했다. 잠자코 있다가 감정이 폭발하면 책과 문제집을 다 찢고 방문을 주먹으로 쾅쾅 치면서 대성통곡을 한다고도 했다. 실패로 인한 우울감, 미래에 대한 불안 그리고 엄마의 감시와 질책들이 희주의 정서 뇌를 부정적으로 자극해서 급기야는 통제력을 잃고 파괴적으로 행동하게 했다.

상담실에 와서 요즘 겪고 있는 힘든 상황을 침착하게 이야기할 때 희주는 인지 뇌의 통제를 받았다. 상담자가 희주의 고통을 공감하면서 들어주면, 엄마를 이해하는 성숙함이 배어 나올 만큼 이성적으로 되었다.

"엄마는 잔소리를 시작하면 숨도 못 쉬게 몰아붙여요. 저를 보고 있으면 속이 많이 타겠지요."

"엄마가 그러실 때는 뛰쳐나가고 싶었겠다."

"네. 밤이라 나갈 수도 없고, 그래서 문제집을 찢었죠. 그렇게라도 하지 않으면 숨이 멎을 것 같았거든요."

"한바탕 울고 나니 좀 시원했겠네."

"네. 울고 나서 잠이 들었어요. 무겁게 누르던 게 사라지고 가벼운 느낌이 들었어요."

공부는 이런 상태에서 해야 머릿속에 쏙쏙 들어온다. 일상이 전쟁인 상황에서는 인지 뇌가 정상적으로 작동할 수 없다. 늘 응급실에 불이 들어와 있는데 어떻게 의료진이 병실을 돌 수 있겠는가?

일주일에 한 번씩 와서 이야기를 나누고 돌아가면 희주는 머리가 가벼워지고 마음은 편안해진다고 했다.

"여기 오면 제 마음을 다독이고 갈 수 있어서 좋아요. 이제 새벽에 때려 부수고 우는 일은 많이 줄었어요. 수학 공부를 시작할 수 있을 것 같아요."

만난 지 두 달 정도 되었을 때 희주가 웃으면서 한 말이다.

우울하면 왜 공부가 안될까?

기분이 나쁘면 공부가 잘되지 않았던 경험을 누구나 한 번쯤은 해보았을 것이다. 독일 괴팅겐 대학의 심리학과 교수인 게르트뤼에(Gerdlue)는 실험 대상자들을 기분 상태에 따라 명랑한 그룹과 우울한 그룹으로 나눈 뒤, 자연과학 분야의 책을 읽게 하는 실험을 했다. 책을 읽은 다음에 그 내용을 응용해서 문제를 풀게 했는데, 기분이 명랑한 그룹의 사람들이 우울한 그룹에 비해 문제를 훨씬 잘 풀었다. 이에 대해 게르트뤼에는 명랑한 기분일 때 시냅스에서 신경전달물질의 분비가 원활하게 이루어지기 때문이라고 분석했다. 반대로 우울할 때는 정서 뇌를 다독이는 데 주의를 쏟느라고 인지 뇌의 시냅스에서는 신경전달물질이 충분하게 분비되지 않는다.

선우는 감정 변화가 심한 아이다. 기분이 좋을 때는 이해력도 좋고 학습 의욕도 불타올라 자진해서 공부 공약을 남발한다. 매일 두 시간씩 복습하고, 두 시간씩 수학 문제를 풀고, 삼십 분씩 영어단어를 외우겠다고. "제발, 선우야." 나도 덩달아 기분이 좋아져 기도하는 마음으로 선우의 결심을 응원했다.

그러다가도 선우가 완전히 달라지는 때가 있다. 학교에서 좋지 않은 일이 있었거나 컨디션이 안 좋은 날이면, 상담실에 들어설 때의 표정부터 확연히 다르다. 흙빛이 된 얼굴을 푹 숙이고 대답도 알아들을 수 없을 만큼 작은 목소리로 한다. 이런 날은 인지 뇌가 작동하지 않는 것처럼 보인다. 평소에 잘 풀던 문제인데 손도 못 대고, 방금 읽은 책 내용도 기억하지 못한다. 책을 대신 읽어주고 설명을 해주고 별짓을 다 해도 돌아오는 대답은 한 가지뿐이다. "모르겠어요."

"오늘 학교에서 안 좋은 일이 있었니?"
"아뇨."
"그럼, 집에서 무슨 일이 있었던 거야?"
"아빠한테 혼났어요. 아빠가 공부 집어치우래요. 이렇게 해서는 아무것도 될 수 없다고요."

평소에도 미래에 대한 불안이 큰 선우가 아빠한테 심한 꾸중을 듣고서 불안감이 폭발한 것 같았다. 모든 신경이 정서 뇌로 집중되어 불안을 다스리느라 인지 뇌의 시냅스 활동이 정상적으로 이루어지지 못하는 상태였다. 시냅스에서 신경전달물질 분비가 원활하지 않을 때는 개인의 의지와 상관없이 이해력과 기억력 등 학습 기능이 떨어진다. 그러니 이럴 때는 잠시 공부를 멈추고, 불안한 마음을 누군가에게 털어놓고 공감을 얻어야 한다. 공감은 들끓는 감정을 가라앉히는 마술과 같은 힘을 가지고 있다.

정서 뇌가 불안을 떨쳐내고 명랑함을 찾았을 때 공부를 시작하는 것이 좋다. 기분이 좋을 때 선우는 천재적인 면모를 보인다. 비판적 사고력은 물론이고 섬세한 감각까지 갖추고 있어서 문제를 정확하게 분석하고 깊이 있게 이해하면서 풀어낸다. 선우의 뛰어난 인지 능력을 번번이 가로막는 건 불안과 우울이 살고 있는 정서 뇌이다. 선우를 보면서 우울감이 공부에 얼마나 치명적인지 선명하게 깨달았다.

"그렇게 대충 하려면 차라리 공부를 포기해라" "지금처럼 하면 나중에 거지밖에 더 되겠니?"

화가 나서 던진 이 말이 부모의 진심은 아니었을 것이다. 그런데 아이들은 이 말에 치명상을 입는다. 아이의 자존감을 무너뜨리고 당장에라도 포기하고 싶게 만드는 말이다. 부모는 어떤 순간에도 감정적인 말을 거르지 않고 뱉어서는 안 된다.

이성이 감정에 밀리는 까닭

뇌에서 학습과 관련된 부분은 바깥쪽이다. 가장 나중에 발달되었다고 해서 '신(新)' 자가 앞에 붙어, 신피질이다. 학습을 담당하는 신피질은 감정을 담당하는 변연계를 둘러싸고 있다. 그리고 신피질과 변연계는 쌍방향으로 연결되어 있다. 그 결과 인간은 생각하는 것에 대해서 감정을 갖게 되었다. 엄마와 아기 간에 생기는 유대감은 당연해 보이지만, 신피질(이성)과 변연계(감정)가 연결되어 있어 가능한 것이다. 진화의 단계에서 아직 신피질이 발생되지 않은 파충류는 자기가 낳은 새끼를 잡아먹는다. 배고픔에 대한 충동만 있을 뿐 자기가 낳은 새끼라는 인식이 없기 때문이다.

신피질은 평소에는 변연계의 고삐를 쥐고서 요동치는 감정 에너지를 잘 다스리는 것처럼 보인다. 그러나 때로는 감정을 억제하지 못하고 분노를 폭발시키기도 하는데, 이는 신피질에서 변연계로 향하는 신호가 약하거나 신호의 방향이 정해지지 않아서 제대로 통제되지 못한 것이다. 변연계 내 편도체의 명령에 신피질이 압도당하는 경우이다.

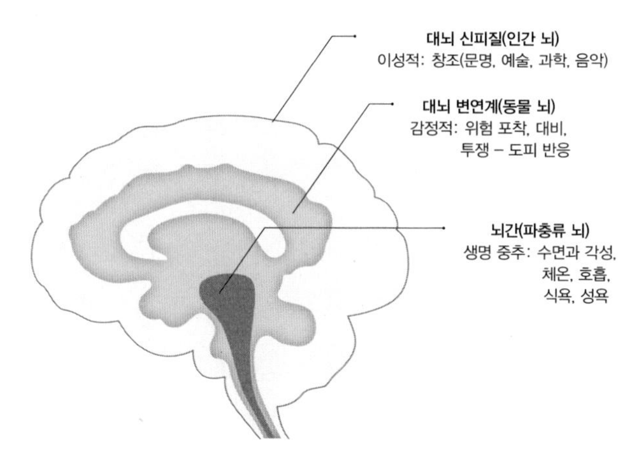

평소에는 신피질(이성)이 변연계(감정)를 조절하지만, 위급할 때는 변연계가 주도한다.

신피질에서 변연계로 오는 이성적인 신호는 그 역방향인 감정 신호의 3분의 1 수준이다. 따라서 해부학적으로도 이미 감정적인 변연계가 주도권을 쥐고 있는 셈이다. 성인보다 어린아이가 감정 폭발을 자제하지 못하는 것도 어린아이의 경우 신피질에서 변연계로 신호를 전달하는 부분이 충분히 발달하지 못해서 통제 신호가 약하고 산만하기 때문이다. 특히 위급한 상황이 되면 변연계가 주도적으로 행동을 통제한다. 이성이 아닌 감정에 따라 움직이는 것이 생존에 유리하기 때문에 뇌가 그렇게 작동하도록 설계되어 있는 것이다.

스트레스는 어떻게 학습을 방해하나

걱정거리가 있거나 심한 충격을 받으면 머리가 잘 돌아가지 않고 멍해지는 느낌을 받는다. 아이가 매우 아프거나 부부싸움을 한 날은 직장에 가서도 일을 잘 처리하지 못하고 중요한 회의도 깜박 잊는 실수를 저지르기 쉽다. 집안일을 하는 엄마들은 그럴 때 음식을 태우곤 한다. 아이들도 마찬가지다. 친구와 다투었거나 엄마한테 야단맞았거나 부모님이 편찮으시다든지 걱정거리가 있을 때는 공부가 머리에 들어오지 않는다. 왜 그럴까? 머릿속에서 도대체 무슨 일이 벌어지고 있는 걸까?

우연이는 어릴 때 부모님이 이혼하게 되면서 엄마와 헤어졌고, 그 뒤로는 아빠와 할머니의 보살핌을 받으며 자랐다. 부모가 이혼을 했더라도 곁에 남은 부모가 정서적으로 지지하면서 잘 보살피면 큰 어려움 없이 잘 자랄 수 있다. 그런데 공부도 잘하고 말썽 없이 지내던 우연이가 중학생이 되어 갑자기 성적이 떨어지자 아빠는 혹시 부모의 이혼이 사춘기 아이에게 다시 혼란을 준 것은 아닌지 걱정된다면서 상담소를 찾아왔다.

그런데 우연이의 고민은 다른 데 있었다.

“몇 등이나 해야 돼요? 대기업에 들어가려면?”

지난 설에, 명문대에 합격한 사촌 형과 대기업에 입사한 사촌 누나를 만나면서 자극을 많이 받은 듯했다. 우연이는 명문대와 대기업에 들어간 사촌들을 부러워했다.

“대기업에 취직하려면 공부를 얼마나 잘해야 해요?”

“아직 중학생인데 왜 벌써 취업을 걱정하니?”

“할아버지는 대기업 임원을 지내셨고, 아빠도 대기업에 다니고 있고, 사촌 누나도 대기업에 들어갔으니까 당연히 저도 대기업에 들어가야죠. 사촌 형은 명문대에 합격했으니까 졸업만 하면 대기업에 들어갈 테고요.”

우연이는 머릿속이 이런 걱정으로 가득 차서 공부를 제대로 할 수 없었던 것이다. 공부뿐 아니라 회사 일, 집안일도 실수 없이 잘 해내려면 기억력이 뒷받침되어야 한다. 사고 활동을 하는 데 있어서 기억력은 필수 요건이기 때문이다. 스트레스를 많이 받게 되면, 우리 뇌에서는 항스트레스 호르몬으로 불리는 코르티솔이 다량으로 분비된다. 코르티솔은 동공을 확장하고, 심박 수를 높이고, 근육을 긴장시키는 등 위기에 대처하는 상태로 몸을 만들어준다. 그런데 코르티솔은 이런 위기관리를 하는 동시에 뇌의 안쪽에 있는 해마(기억을 담당하는 기관)의 기능을 떨어뜨린다.

코르티솔 때문에 해마의 뉴런이 영양을 공급받지 못하면 기억력이 약해지고 사고 작용도 둔화된다. 장기간 스트레스를 받게 되면 상태는 더 심각해지는데, 해마가 서서히 파괴되어 영영 새로운 것을 학습할 수 없게 된다. 이것이 바로 스트레스가 많은 아이들이 공부를 잘하기 어려운 과학적인 이유다.

우연이는 미래에 대한 불안으로 스트레스를 많이 받았고, 그 결과 해마가 제대로 기능을 하지 못했다. 책상에는 앉아 있지만 읽어도 이해가 안 되고 외워도 금세 잊어버리는 최악의 상태에서 공부를 하고 있었다. 부모님들은 아이가 자극을 받으면 공부를 열심히 할 거라는 기대에 차서 명문대에 들어간 사촌 형제들을 만나게 하지만, 결과는 반대로 나타나는 경우가 많다. 성취에 대한 압력이 과도한 스트레스가 되어 오히려 학습을 방해하기 때문이다.

기억력을 높이려면 감정을 솔직하게 표현하자

감정 표현과 기억력 간에 무슨 관련이 있을까? 얼핏 상관이 없어 보이는 이 두 기능이 어떻게 연결되어 있는지 알아보자. 뇌에서 기억을 담당하는 해마와 감정을 담당하는 편도체가 붙어 있다는 것을 확인하는 순간, '아, 이거구나!' 하는 생각이 들 것이다. 구조적으로 인접해 있다는 것은 서로 영향을 주고받기 쉽다는 얘기다.

감정이 차오르면 누르지 말고 표현하는 것이 좋다. 감정을 누르고 있으면 편도체 뉴런의 활성화 수준이 떨어지고 가까이에 있는 해마 뉴런도 덩달아 활성화 수준이 낮아진다. 어려운 전문 용어를 외울 필요는 없다. 다만, 이것만은 기억하자. '마음이 편하지 않으면 평소보다 기억력이 떨어진다.' 반대로 감정을 거리낌 없이 표현하면 편도체가 활발하게 작용하고 해마도 활성화 수준이 높아져서 기억을 잘하게 된다.

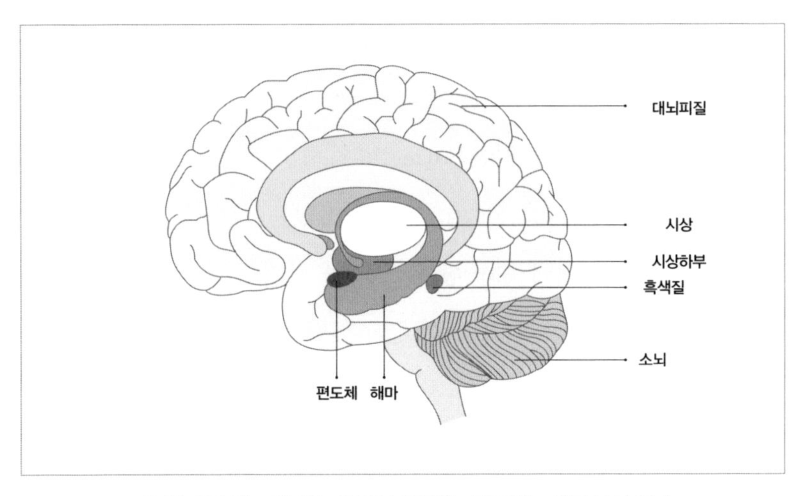

기억을 담당하는 해마와 감정을 담당하는 편도체는 서로 붙어 있다.

또 다른 설명도 가능하다. 격해진 감정을 누르고 있는 동안 편도체는 마치 급한 환자가 실려 들어 온 응급실 같은 상태가 된다. 응급환자가 들어오면 가용한 모든 인력이 응급실로 달려가는 것처럼 격한 감정을 다스리려면 모든 주의가 편도체로 집중되어야 한다. 이런 상태에서는 인지 뇌가 정상적으로 작동하기 어렵다. 따라서 기억은 물론이고 다른 사고 작용도 원활하게 이루어지지 않는다. 격해진 감정을 발산하고 나면 이제는 편도체를 돌보지 않아도 된다. 마치 담고 있던 불덩이를 퍼낸 것처럼 편도체가 안정되기 때문이다. 감정을 말로 하거나 글로 쓰거나 행동으로 표현하고 나면, 이 감정은 더는 편도체에 머물지 않는다. 소속이 바뀌는 것이다. 감정은 표현되고 나면 우측 복외측 전전두피질로 옮겨가서 이성적으로 처리된다.

텍사스 대학의 제인 리처드(Jane Richards) 교수팀은 기억력과 감정 표현의 관련성을 알아보기 위해 재미있는 실험을 했다. 사람이 감정을 자제하고 애써 무표정하게 있는 것이 단기 기억력에 어떤 영향을 미치는지 알아보기 위한 연구였다. 실험 집단은 영화를 볼 때 즐겁고 우스운 장면이 나오거나 슬픈 장면이 나올 때 웃거나 우는 것을 못 하도록 감정을 억제시키고, 비교 집단은 자연스럽게 감정 표현을 할 수 있게 허용했다. 실험 결과, 감정을 억제한 집단이 표현한 집단에 비해 영화에 대한 기억력이 떨어지는 것을 확인했다. 이에 대해 연구팀은 감정을 억제하느라 영화 내용에 집중하지 못해서 생긴 것으로 분석했다.

"어제는 공부를 못 했어요."
"왜? 무슨 일 있었니?"
"동생 때문에요. 재수 없어요. 제 핸드폰을 말도 없이 가져다가 게임을 하잖아요. 제 방에 와서 과자 먹고 어지르고 가고요. 정말 싫어요."
"동생 때문에 화가 많이 났겠구나. 다시는 그러지 못하게 혼내주지 그랬어."
"동생한테 소리 지르거나 때리면 엄마한테 혼나요."

"그래서 어떻게 분을 삭였니?"

"잤어요. 밥도 안 먹고. 짜증이 나서 아무것도 못 하겠더라고요."

동생 때문에 생긴 화를 적극적으로 표현하지 못한 기훈이는 편도체의 응급 상태가 해결이 안 돼서 공부를 못 했다. 어떤 식으로든지 자신의 화를 밖으로 표현하고 누군가의 공감을 받을 수 있었다면 잠으로 도망치지 않고 시간을 잘 쓸 수 있었을 것이다. 아주 작은 관심으로도 부모는 아이를 책상에 앉게 할 수 있다.

고민맘

선생님, 요즘 애가 뭘 잘 잊어버리고 와요.
그제는 신발주머니를 학교에 두고
오더니, 어제는 우산을 깜빡했답니다.

뇌의 힘

마음에 걱정거리가 있는 거 아닐까요?

고민맘

참, 며칠 전에 친한 친구랑 싸웠다고
하는 걸 친구 엄마한테 들었어요.
우리 애는 얘기를 통 안 하거든요.

뇌의 힘

어머니도 지난달에 뵈었을 때,
남편 분과 크게 싸운 날, 쇼핑백을 버스
에 놓고 내리셨다고 하셨잖아요.

고민맘

아, 그렇네요. 저도 신경이 쓰였나보네요.

뇌의 힘

사람은 누구나 마음이 요동치면 기억
을 잘 못해요. 그래서 공부를 잘하려면
마음이 안정되어야 합니다.

뇌는 윤리적이지 않다

뇌는 변화의 방향을 의도하고 출발하지는 않는다. 그때그때 이득이 되는 방향으로 움직일 뿐이다. 뇌는 변화를 통해서 정서적으로 '좋다'고 느끼는 효과를 얻고 싶어 한다. 기준이 이성적인 판단에 있지 않다는 점을 주목해야 한다. 감정적으로 먼저 판단해 놓고 이성적인 것처럼 포장하는 일에 능숙하다. 그렇게 하는 것이 정서적으로 가장 이득이 되기 때문이다. 어찌 보면 우리는 뇌가 지시하는 행동을 수행할 뿐이다. 아이들이 규칙을 안 지키고 지각을 하고 숙제를 해오지 않는 것을 뇌가 시켰다고 보면, 부모님들에게 조금 위안이 될 것 같다. 뇌과학을 아는 엄마라면, 아이를 꾸짖는 대신 아이의 뇌를 설득해야 한다.

어른들의 뇌도 마음 가는 대로 움직이는 것은 마찬가지다. 마치 이성적인 판단인 양 꾸미지만, 기쁨을 추구하는 뇌에 굴복하는 경우가 많다. 다이어트 이틀째가 되는 날, 여대생은 달콤한 케이크를 먹어야 하는 이유를 찾기 위해서 머리를 쓴다. '스트레스로 폭식을 하기 전에 달달한 걸 조금 먹는 편이 나아.'

젊은 시절에 진보적인 학생 운동을 이끌었던 청년이 40대 중반이 되어서 보수당의 당원이 되어 있는 경우를 심심치 않게 본다. 사람들은 그를 변절자라고 욕하지만 윤리적이지 않은 뇌를 생각한다면 그리 당황스러운 일도 아니다. 어떤 사정이 있었는지 모르지만, 그의 뇌가 진보 진영의 활동을 그만두고 보수 진영으로 자리를 옮기라고 명령했을 것이다. 그곳에 남아 있는 것보다 떠나는 편이 그에게 더 큰 기쁨을 가져다준다고 판단했기 때문에 그렇게 한 것이다. 안타깝게도 뇌는 윤리적인 판단보다 자신의 기쁨을 지켜낸다는 원칙에 복종한다.

뇌는 우리의 행동을 통해 원하는 효과를 성공적으로 얻을 수 있는지 지속적으로 테스트한다. 그래서 효과와 이득을 얻으면 그 행동을 되풀이한다. 반면 효과와 이득이 없으면 바로 방향을 튼다. 아이가 열심히 공부하고 약속을 잘 지키고 방 청소도 잘한 것은 어떤 식으로든 눈앞에 이익이 되어서다. 열심히 공부해 성적이 오른 결과, 칭찬을 받고 용돈을 올려 받고 친구의 부러움을 사고 장밋빛 미래를 꿈꿀 수 있다면, 아이의 뇌는 만족감을 느낀다.

뇌는 긍정적인 결과가 예측되고 확신이 들 때 아이에게 열심히 공부하라고 명령한다. 그러나 열심히 해도 점수가 오를 것 같지 않으면, 칭찬도 용돈도 부러움도 장밋빛 미래도 기대할 수 없으니 뇌는 공부하라는 명령을 내리지 않을 것이다. 그 대신 원하는 기쁨을 바로 얻을 수 있는 게임, TV, 스마트폰 등의 행동을 하라고 지시할 것이다.

공부를 못하는 아이에게 한 번의 성공 경험을 시켜주기 위해서 안간힘을 쓰는 것은 그 성공을 통해서 뇌가 기쁨을 만끽하길, 그래서 그 행동을 계속하길 바라는 마음에서이다. 마중물 부어주기는 바로 이런 전략의 하나이다. 아이가 스스로 하기를 바란다면, 잘못된 행동을 질책하는 대신 행동을 지시하고 명령하는 뇌를 설득해야 한다. 지금 아이가 하고 있는 행동은 그 아이의 입장에서 최선의 행동임을 이해하고 받아들일 때 변화를 위한 해법을 찾을 수 있다.

두 가지 공부근육 키우기

근육이 탄탄해야 힘을 쓸 수 있다. 그래서 어지간한 운동은 근육이 받쳐줘야 잘할 수 있다. 공부를 잘하기 위해서는 무엇이 받쳐줘야 할까? 이것이 발달되어 있으면 어떤 공부라도 수월하게 할 수 있는 기본 중의 기본 요소 말이다. 나는 그것을 '공부근육'이라 부른다. 미엘린과 시냅스로, 여기서는 그 기능만 소개하는 데 그치지 않고, 학생들의 사례로써 공부근육을 설명해 본다.

끈질기게 집중해서 정보 통로를 튼튼하게(미엘린)

자전거를 타고 오르막길을 오를 때면 페달을 꾹꾹 눌러 밟아야 한다. 이때 종아리 근육은 팽팽해지고 발바닥에 모든 힘이 집중된다.

언덕 위에 올라설 때까지 멈춰서는 안 된다. 공부를 할 때도 그렇게 정신을 모을 때가 있다. 어려운 문제를 만났을 때이다. 능력을 최대로 발휘해야 겨우 풀 수 있는 고난이도 문제를 만나면 사람들은 놀라운 집중력을 발휘한다. 그리고 일단 이 시스템이 가동되면 뇌에서 '은밀한 변화'가 시작된다.

뉴런을 구성하는 요소들 중 축삭은 세포체에서 뻗어 나온 긴 꼬리 모양의 케이블인데 이 케이블의 바깥 부분을 슈반세포가 감싸고 있다. 축삭의 피복 역할을 하는 슈반세포는 정보가 축삭을 타고 지나갈 때 손실이 일어나지 않도록 보호하는 절연 기능을 한다. 절연이 잘 이루어지면 정보가 신속하고 정확하게 축삭의 끝에 있는 종말단추까지 전달될 수 있다. 마치 전선을 감싸고 있는 PVC 피복이 전류의 누수를 막는 것과 같다. 미엘린은 축삭을 감싸는 슈반세포를 부르는 이름이다. 미엘린의 역할은 신속하고 정확하게 정보를 전달하는 것이다.

그렇다면, 앞에서 말한 뇌에서의 은밀한 변화란 무엇일까? 온 힘을 다해 페달을 밟으며 앞으로 나가기 위해 집중할 때, 종아리 근육을 담당하는 뉴런에 '최선을 다해 집중하고 있다'는 신호가 발사된다. 이 신호를 뉴런이 알아차리면 슈반세포는 미엘린 층을 한 겹 더 둘러서 두껍게 만든다. 이처럼 미엘린 층이 조금씩 두꺼워지는 것, 이것이 바로 소리 없는 변화이다. 미엘린 층이 두꺼워지면 다음에 오르막길을 오를 때는 이전보다 수월하게 오를 수 있게

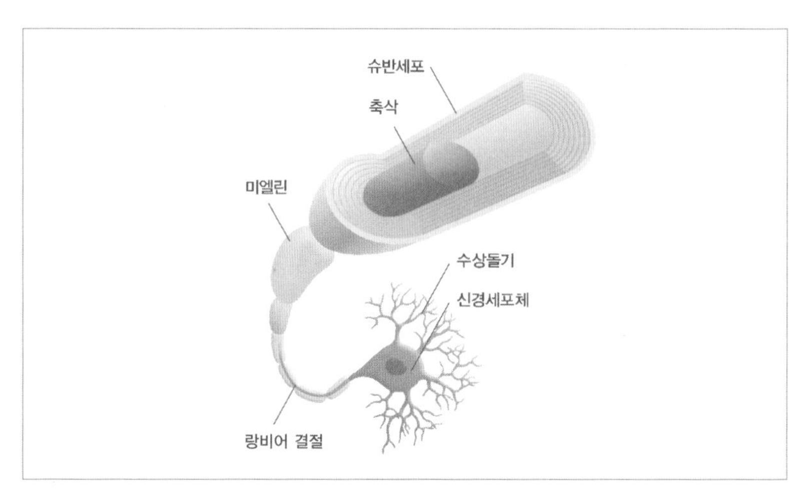

미엘린은 뉴런에서 축삭을 감싸는 슈반세포로, 정보가 손실되지 않도록 보호한다.

된다.

종아리 근육을 예로 들어 설명했지만, 인간이 학습을 통해 향상하는 모든 기술 혹은 능력은 모두 이 단순한 원칙에 따른다. 그것이 피아노 연주일 수도 있고, 소설 쓰기가 될 수도 있으며, 수학 문제풀기일 수도 있다. 슈반세포는 강도가 은행을 터는 일에도 협조한다. 신속하게 은행을 털기 위해서는 금고 문을 부수고, 돈을 자루에 넣고, 뒷문으로 도망치는 과정을 반복해서 연습해야 한다. 연습을 충분히 하면 실수 없이 돈을 훔쳐서 달아날 수 있는데 이 또한 미엘린화(化)가 잘되어서 가능한 일이다. 미엘린은 그것이 좋은 일인지 나쁜 일인지 몸을 쓰는 일인지 머리를 쓰는 일인지 등에는 전혀 관심이 없다. 오로지 어려운 과제를 얼마나 최선을 다해서 끝까지 밀어붙이는지에만 관심을 갖는다. 그럴 때만 미엘린 층은 두꺼워진다.

성적 고민으로 상담실을 찾는 아이들 중에는 '시간이 많이 필요해 보이는 경우가 간혹 있다. 뇌 사진을 찍어보지 않아도 읽고 외우고 문제풀기를 같이 하다 보면 뇌 기능이 떨어져 있다는 것을 짐작할 수 있다. 어릴 때 질병을 앓아서 뇌기능이 정상적이지 않다는 진단을 받은 아이들도 있었는데, 노을이도 그런 경우였다.

중학교 1학년 때 처음 만난 노을이는 학교 공부를 거의 못 따라가고 있었다. 전 과목 성적이 최하위권이었다. 그도 그럴 것이 초등학생 때 한글을 힘겹게 떼고 나서는 부모님도 더 이상 공부하라는 말을 안 했다고 한다. 그저 졸업장이나 받을 수 있으면 좋겠다는 생각으로 학교에 보내고 있었다. 그 결과, 읽기와 간단한 연산은 할 줄 알았지만 고차원적인 사고를 필요로 하는 학습 활동은 어려워했다. 책을 읽을 때도 의미를 적절하게 파악하는 것 같지 않았다. 낭독을 시켜보면 조사나 어미를 빼먹거나 틀리게 읽는 일이 빈번했다.

초반에는 노을이에게 읽기, 요약하기, 외우기 등 교과서를 통한 공부 방법을 가르쳐보았다. 그런데 읽고 이해하는 능력이 떨어져서 어느 것도 제대로 되지 않았다. 그래서 우리는 가장 기본적인 것 하나만 정해서 집중하기로 했다. 그렇게 시작한 게 책 읽기였다. 노을이가 재미있게 읽을 수 있는 내용과 수준의 책을 골라 매일 읽기 시작했다. '하루에 한 시간씩 소리 내어 책 읽기'가 노을이의 과제였다. 혼자 읽기 힘들어 할 때면 곁에서 한 문장씩 번갈아 읽어주면서 내용을 공유하고 공감해주는 방식으로 흥미를 잃지 않게 도왔다. 학교 공부니 점수니 이런 것들은 잠시 접어두기로 했다.

그렇게 반년이 흐르고 일 년이 지나자 노을이가 읽은 책이 상담소 책꽂이의 반쪽을 채웠다. 예상했던 대로 노을이의 읽기 능력이 많이 향상되었다. 예전에는 책 한 쪽을 읽으려면 절반 이상을 내가 읽어줘야 했는데, 이제는 혼자서도 재미있게 읽어나갔다. 뿐만 아니라 어미나 조사를 잘못 읽었을 때는 잠시 멈추고 생각을 한 후에 스스로 교정했는데, 일 년 전에는 볼 수 없었던 행동이었다. 노을이의 이런 변화된 모습을 보면서 읽기 뇌의 축삭에서 미엘린 층이 두터워졌을 것이라고 짐작해보았다.

고등학생 은우는 기특하게도 혼자서 학습 방법을 상담하러 왔다. 중간 정도의 성적을 유지하고 있다고 했는데 수학과 과학을 좋아해서 미래에 생명공학자가 되고 싶은 꿈을 갖고 있었다. 은우는 중학생 때부터 쉬지 않고 학원을 꾸준히 다녔지만 성적은 늘 그 자리였다. 이렇게 지내다가는 어지간한 4년제 대학에 들어갈 수 없겠다는 위기감이 생겨서 공부 방법을 바꿔보려 한다고 했다. 칭찬해

주고 싶은 마음가짐이었다. 지금 하고 있는 공부 방법의 문제점을 스스로 파악하고 다른 사람의 도움 없이 혼자 힘으로 공부를 하겠다는 결심을 했다면 절반은 성공한 셈이다. 이런 아이들은 비교적 수월하게 자기주도학습을 몸에 익힌다.

은우는 다른 과목은 잠시 뒤로 미루고 수학 공부법부터 배웠다. 학교에서 배운 단원의 문제를 혼자 힘으로 풀기, 쉬운 문제를 많이 풀려고 하지 말고 어려운 문제에 과감히 도전하기, 매일 3시간씩 수학 공부하기. 동기가 확실했던 은우는 새로운 공부법을 받아들이기 위해 나름 열심히 노력했다.

"어려운 문제를 혼자 풀려니 시간이 너무 많이 걸려요. 어제는 세 시간 동안 열 문제도 못 풀었어요."

학교 진도는 빨리 나가고 물어볼 사람도 없이 혼자서 문제를 풀려니 속도가 안 따라줘서, 은우는 불안해 하고 있었다.

"학원 다니는 친구들은 다 아는 문제를 저는 못 푸니까 불안하고 걱정돼요. 이러다가 중간고사 범위까지 문제집 한 권도 못 풀고 시험을 보겠어요."

"예전에는 문제집 몇 권을 풀고 시험을 봤니?"

"두 세권은 풀었죠."

"그런데도 그 점수밖에 못 받았구나. 왜 그랬을까?"

나는 아픈 지적을 했다.

"……."

"불안해 하지 말고 지금처럼 계속 해보자. 시간 줄이지 말고."

그로부터 두 달이 지나고 시험이 한 달 앞으로 다가왔을 때, 은우는 이렇게 말했다.

"문제집이 너무 쉬운 것 같아요. 난이도 상 문제도 이제 잘 풀려요. 문제집을 더 어려운 걸로 바꿔야 할까요?"

"작년에도 이 문제집으로 공부했다고 했지? 그때도 쉬웠니?"

"그렇지는 않았던 것 같아요. 그런데 그때는 어려운 문제는 학원 선생님한테 물어볼 수 있어서 지금처럼 오래 걸리지는 않았어요."

"작년에는 어려웠던 문제집이 올해 갑자기 쉬워졌을 리 없으니 네가 실력이 좋아진 것 아닐까?"

"그런가요? 교과서 심화문제도 어려울 것 같아서 빼놓고 풀었는데, 지금은 잘 풀려요"

하루 3시간씩 두 달간 꾸준히 혼자 힘으로 수학 문제와 씨름한 결과, 은우의 뇌가 달라진 것이라고 나는 생각한다. 어렵게 느껴졌던 문제가 술술 풀리는 것은 미엘린만이 할 수 있는 일이다.

이 사례를 읽은 독자들이 '특별한 경우겠지. 모두 그렇게 달라질 수 있을까?' 하는 의구심을 가질 수도 있다. 그런데 상담을 하다 보면 이런 변화를 자주 보게 된다. 은우는 그런 아이들 중 한 명일 뿐이다.

뇌의 연결망을 크게 만들기(시냅스)

공부를 열심히 하고 나면 책을 덮어도 기억나는 것이 많다. 기분 좋은 경험이다. 공부를 마치고 오래도록 머릿속에 남아 있는 정보는 흔히들 장기기억 속에 저장된다고 말한다. 머릿속에 도서관 같은 거대한 서고가 있어서 공부한 내용이 차곡차곡 쌓이는 장면이 상상된다. 그런데 최근 인지심리학 연구는 장기기억이 시냅스망에 존재한다는 가설을 내놓았다. 기억은 뇌의 어느 구석에서 끄집어낸 게 아니라, 뇌세포들이 시냅스를 통해 활발히 교류를 해서 내놓은 순간적인 결과물이라는 것이다.

영어 단어 외우기를 살펴보자. 영어 단어를 외우는 일에는 별다른 공부 기술이 필요할 것 같지 않다. 단순해 보인다.

"영어는 단어가 8할이야. 그러니 일단 단어 실력을 키우자. 간단하잖아. 매일 꾸준히 20개씩 외우는 거야."

영어 점수가 50점이 안 되는 아이들에게 내가 힘주어 했던 말이다. 그런데 많은 학생들을 만나다보니 단어 외우는 일이 간단치 않은 경우도 있다는 걸 알게 되었다.

연주는 책 읽기를 좋아하고 이해력도 있어서 국어 점수는 나쁘지 않았다. 그런데 영어는 하기 싫어했다. 대개는 국어 실력이 괜찮으면 영어도 곧잘 하는데 연주는 달랐다. 연주에게 영어 교과서를 읽혀 보니 제대로 읽는 단어가 별로 없고 뜻을 아는 단어는 더 드물었다. 중학교 2학년이라는 게 믿기지 않을 정도로 기본적인 단어도 모르고 있었다. 그래서 초등학생들이 곧잘 사용하는 플래시 카드를 써서 외우게 했다. 카드 앞뒷면에 'visit-방문하다' 'happy-행복한' 'take-가지고 가다' 'final-마지막' 등을 써서 카드를 뒤집어가며 단어를 암기해보았다. 그런데 연주는 방금 전에 본 단어의 뜻도 좀처럼 기억해내지 못했다. 열 개를 외우면 열 개 모두 기억을 못 했다. 두 번, 세 번 반복해도 좀처럼 나아지지 않았다. 솔직히 충격이었다. 'visit-방문하다'를 겨우 연결시키고 나서 잠시 후에 다시 물어보면 생각이 안 난다고 했다.

시간이 지날수록 이건 집중력의 문제만은 아니라는 생각이 들었다. 연주의 외국어와 모국어 연결을 담당하는 뇌의 어떤 영역을 상상해보았다. 그 둘을 연결하는 길이 아예 없는 것 같았다. 가시덤불을 헤치면서 산행을 할 때와 같은 느낌이었다.

'길을 만들자!' 그 순간에 떠오른 생각이다. 반복하자. 의미를 생각하면서 반복해서 둘 사이의 연결 강도를 높이자. 이렇게 마음먹자 새로운 힘이 솟았다.

"visit을 발음하면 '비좁다'와 비슷하지? 너희 집에 방문하는 사람이 많으면 어때? 비좁겠지? 그렇게 연결시켜보자. 'visit-비좁다-방문하다' 어때?"

이런 식으로 두 단어 간에 거리가 너무 멀어서 길이 안 뚫리면 중간에 도움이 될 만한 다리를 하나 걸쳐 놓아서 도움을 받았다.

그리고 반복, 또 반복했다. 여러 단어를 한꺼번에 섞어서 진행했기 때문에 간격두기(잊어버릴 시간을 주고 다시 기억해내기)가 가능했다. 어떤 일이 생겼을까? 상상하는 바로 그 변화가 생겼다.

"visit이 뭐지?"

"아, 그거, 뭐지… 뭐지… 비좁다…, '방문하다'요."

연주가 미간을 찌푸리며 집중하더니 대답했다. 'visit-방문하다'를 반복해서 되뇌는 동안 두 개념 사이에 시냅스 연결강도가 강해져서 드디어 장기기억으로 자리를 잡았다.

그런가 하면 뇌의 연결망을 크게 만들어서 학습 효율을 높일 수도 있다. 연주와 영어 단어 외우기를 하면서 여러 가지 방법을 써봤는데 그 중 하나가 '단어에 단서가 될 만한 다양한 정보를 매달기'이다. 정보를 매달기 위한 장소로 정서 뇌를 활용하는 것은 좋은 방법이다. 예를 들면 'kind'의 의미가 '친절한' 이라는 것을 외우기 위해 "이 단어가 너한테 어떤 느낌을 주니?"라고 질문하는 것이다. 이때 대답은 단순할수록 좋다. 기억하기 편하라고 '좋은 느낌' 아니면 '나쁜 느낌', 이렇게 이분법으로 대답하도록 유도한다. kind의 뜻을 알려주고 느낌을 물었을 때 연주는 "좋은 느낌"이라고 대답했다. 이렇게 하면서 연주의 뇌는 'kind-좋은 느낌-친절한'이라는 의미망을 갖게 되었다.

뇌의 여러 부위를 학습에 참여시킬수록 학습된 내용을 기억해낼 가능성이 커진다. 하나의 개념이 넓은 의미망 속에 엮여 있으면,

그 개념에 접근하는 통로가 많아지기 때문이다. 특히 정서 뇌를 학습에 관여시키면 효과가 탁월하다.

"kind가 무슨 뜻이지?"
"음, 뭐더라?"
"좋은 느낌이야, 나쁜 느낌이야?"
"아, 좋은 느낌이요."
"그렇지? 좋은 느낌이야. 잘 생각해보자. 무슨 뜻이었지?"
"음, 착하다는 뜻인가? 아닌가? 아, '친절한'이요."

정서 뇌를 활용하지 않았더라면 'kind-친절한'을 외우기 위해 더 많은 시간과 노력이 들었을 것이다. kind에 좋은 느낌이라는 정서 정보를 매다는 방법으로 의미망을 풍부하게 한 결과, 의미에 접근하는 통로가 하나 더 생겼다. kind를 보고 뜻이 곧바로 생각나지 않아도 좋은 느낌이 들면 일단 그곳으로 접근해 들어가면 된다. 연결된 신경망의 한 부분에 닿으면 연결망을 따라 단어의 뜻에 성공적으로 접근할 수 있다.

고민맘

'뇌과학'이라는 말이 어렵게 들리네요.

뇌의 힘

학교 다닐 때 과학을 좋아했던 분들이 그리 많지는 않죠.

고민맘

그래도 제가 생물은 좋아했어요.
물리나 화학보다는 경험해본 게 많으니까요.

고민맘

태교할 때 뇌에 좋다고 해서 호두도 많이 먹었고요.

뇌의 힘

잘하셨네요. 근데 많은 분들이 뇌가 계속 발달한다는 사실은 잘 모르세요.

뇌의 힘

야단칠 때, "너는 머리가 나빠." 이 말만큼 아이들한테 충격적인 말도 없어요. "우리 애는 공부머리가 없나봐요"라고 말씀하시는 분들이 종종 있는데요. 이제부터 머리가 좋아지는 방법으로 공부하면 됩니다.

2장

잘못된 공부법

아이가 태어나 처음 만나는 교사는 부모다. 아이들의 첫 공부는 엄마 아빠와 글자 공부를 하고 셈을 하는 것이다. 초등학교에 들어가면, 부모님들은 별 고민 없이 과거에 공부했던 방식을 전수하기 시작한다. 무조건 여러 번 읽어라, 쓰면서 외워야 한다, 이것저것 오가지 말고 한 과목에 집중해라. 공부에 자신 없는 부모들은 주변 사람들의 조언이나 TV에서 수재들의 공부 비법을 듣고 와서 전해주려고 애쓴다.

하지만 누군가가 성공했다고 해서 그 방법이 내 아이에게도 맞는 것은 아니다. 이번 장에서는 우리가 당연하다고 생각했지만 실은 틀렸던 '잘못된' 공부법들을 짚어보려고 한다. 잘못된 공부법으로 낭비되고 있는 시간과 노력을 줄이는 일이야말로 과학적인 학습법을 실천하는 데 있어 가장 시급한 일이다.

[퀴즈]

내가 아는 공부 방법은 효과적일까?

아이의 공부 방법은 부모님이 해왔던 공부 방법인 경우가 대부분이다. 잘못된 공부법과 '뇌가 좋아하는 공부법'을 알아가기 전에 아래 퀴즈에 천천히 답해보기 바란다. 예상해본 뒤 읽어나가면, 맞은 것과 틀린 것을 대조해보면서 더 잘 기억하게 되는 효과도 있다.

❶ 책을 읽을 때는 연거푸 세 번 이상 읽어야 기억에 오래 남는다. (O, X, 모르겠음)

❷ 수업 끝난 직후, 쉬는 시간에 복습하는 게 가장 효과적이다. (O, X, 모르겠음)

❸ 집에 와서 복습을 하면 공부한 내용을 잊어버리기 쉽다. (O, X, 모르겠음)

❹ 단순 외우기인 영어 단어시험의 경우, 전날에 외우는 게 효과적이다. (O, X, 모르겠음)

❺ 문제집은 저장된 기억을 인출하므로, 시험 준비에 가장 효과적이다. (O, X, 모르겠음)

❻ '보기'가 '듣기'보다 더 잘되는 사람은 시각 자료로 공부하는 게 효과적이다. (O, X, 모르겠음)

❼ 교과서는 다소 산만한 구성이지만 요약 정리본보다 이해를 돕는다. (O, X, 모르겠음)

❽ 영어 해석을 미리 읽고 영어 지문을 읽으면 독해 실력이 빨리 향상된다. (O, X, 모르겠음)

❾ 채점 안 하기는 공부에 열의가 없는 아이들의 대표적인 습관이다. (O, X, 모르겠음)

❿ 대다수 수학학원은 공부의 양보다는 질을 높이는 데 중점을 둔다. (O, X, 모르겠음)

⓫ 공부할 때 음악을 들으면 집중력이 떨어진다. (O, X, 모르겠음)

정답과 해설 : 112~113쪽

반복해서 읽기의 함정

"역사 시험을 잘 보려면 어떻게 준비해야 할까?" 하고 물었더니, 중학생인 준서는 기다렸다는 듯이, "교과서를 다섯 번 읽어요. 그리고 학습지를 세 번 읽고 문제집을 풀어요"라고 대답했다. '이 정도면 아주 훌륭한 계획이니 선생님도 흡족해 하시겠지?' 하는 표정이었다.

학창 시절에는 나도 준서처럼 공부했다. 반복해서 읽고 같은 문제를 여러 번 풀었다. 교과서나 노트 내용을 반복해서 쓰면서 흰 종이를 '깜지'로 만들기도 했다. 깜지를 다 만들고 나면 손바닥이 시커멓게 되었지만, 가슴속에는 공부를 많이 했다는 뿌듯함이 차올랐다. 아마도 나의 부모님이나 그 부모님도 방법은 조금 다르더라도 준서와 나처럼 반복을 통해 지식을 습득했을 것이다.

반복은 오래된 학습 방법이다. 반복하지 않고 한 번 본 내용을 기억하는 건 어려운 일이다. 그러니 중요한 내용을 잊지 않으려면 여러 번 반복해서 봐야 한다는 생각은 매우 자연스러워 보인다. 오랜 세월 동안 사람들은 반복해서 외우면 뜻이 통한다는 생각을 의심 없이 받아들이고 실천해왔다.

그러나 뇌과학이 알려주는 공부 방법에 '단순 반복'은 빠져 있다. 나는 준서에게 반복해서 읽기만 해서는 공부가 안 된다는 것을 알려주었다. 준서는 도대체 무슨 말인가 모르겠다는 표정을 지었다.

반복해서 읽는다고 외워지는 것은 아니다

기억력이 나쁜 사람은 있지만, 기억력이 없는 사람은 없다. 뇌신경이 손상되지 않았다면 말이다. "외우는 것을 잘 못해요"라는 말은 비효율적인 암기 전략을 쓰고 있거나, 학습동기가 약해서 제대로 집중하지 못하고 있다는 의미로 해석된다. 시은이의 경우가 그랬다.

"원소 기호를 못 외우겠어요. 아무리 봐도 안 외워져요."

"그럴 리가, 시은아. 이해가 필요한 것도 아니고 그냥 외우면 되는데 왜 안 외워지겠니?"

실망스러운 표정을 한 시은이에게 나는 다짜고짜 원소기호표를 펴보라고 했다.

"외워 보자. 네가 평소에 하는 방식으로 한 번 외워 봐."

시은이는 5분 정도 책을 뚫어지게 쳐다봤다. 눈으로 보면서 외우는 중인 것 같았다.

"자, 이제 다 봤으면 책을 덮고 외워 보자. 수소는? 탄소는? 아연은? 스트론튬은?"

수소와 탄소까지는 맞혔지만 그 이후로 이어나가지 못했다. 5분간 집중해서 들여다 보고 기억하려 애썼는데, 왜 안 되는 걸까?

은수의 경우도 비슷했다. 은수가 영어 단어 40개가 적힌 프린트를 가지고 왔다. 내일 단어 시험인데 아직 못 외웠다며 근심에 찬 얼굴이었다.

"단어 시험을 보면 몇 개나 맞히니?"

"40개 중에 20개를 시험 보는데, 14개 정도 맞아요."

"단어 외우는 데 시간은 얼마나 써?"

"한 시간 정도요."

평소 은수의 학습 능력을 생각할 때 단어 40개를 외우는 데 한 시간이 걸린 것은 너무 지나치다는 생각이 들었다. 그동안 많은 아이들과 단어 외우기를 해보았는데, 40개를 외우는 데 평균적으로 20~25분 정도가 걸렸다. 은수는 더 빨리 외울 수 있을 것 같았다. 나는 10분을 주고 은수가 어떻게 외우는지 관찰해보기로 했다.

"은수야, 오늘은 여기서 외워 보자. 자, 시간은 10분 준다."

은수는 시은이와 마찬가지로 눈으로 보면서 단어를 외웠다. 10분이 지나고 테스트를 해보았더니 40개 중에서 11개를 맞혔다. 한 시간 동안 40개를 외우는 실력에 비춰보면 잘한 성적이지만 기대에는 미치지 못했다.

찬수도 암기가 어렵다는 아이였다. 특히 역사를 싫어해서 역사 교과서는 아무리 읽어도 머릿속에 남는 내용이 없다고 했다.

"몇 번이나 읽었니?"

"엄마가 계속 읽으라고 하셔서 여섯 번 읽었어요."

그런데도 찬수의 역사 점수는 40점대다. 여러 번 반복하면 자기 것으로 만들 수 있다고 믿는 사람에게 찬수의 점수는 이해할 수 없는 숫자일 것이다. 나는 찬수가 읽는 것을 관찰하기 위해서 교과서를 읽어보게 했다.

"이번 주에 배운 내용을 읽어보자."

"다 읽었어요."

"한 번 더 읽자."

찬수는 그렇게 세 번을 읽었다.

세 번 읽는 데 걸린 시간은 20분이었다.

"자, 다 읽었으면 책을 덮고 방금 읽은 내용을 말해보자. 무슨 내용이 쓰여 있었지?"

"네? 내용을 말하라고요? 생각이 안 나는데……."

시은이, 은수, 찬수가 공부하는 모습을 지켜보면서 나는 한 가지 공통점을 발견했다. 세 아이 모두 주어진 시간 동안 눈을 떼지 않고 책을 '바라보고' 있었다. 그렇게 바라보면서 시은이는 원소 기호를, 은수는 영어 단어를, 찬수는 역사 교과서를 반복해서 읽었다고 했다. 그런데 아이들이 외운 결과물은 사용한 시간에 비해 실망스러웠다.

무엇이 문제였을까? 여러 번 읽었는데 왜 기억이 안 났을까? 간격 없이 연거푸 반복해서 읽을 때의 특징 중 하나는 깊이 있는 의미 처리를 하지 않는다는 것이다. 토론토 대학의 엔델 털빙(Endel Tulving) 교수, 영국의 심리학자 앨런 배들리(Alan Baddeley) 등은 간격을 두지 않고 반복해서 읽는 것과, 의미를 생각하지 않고 기계적으로 반복해서 읽는 것은 외우는 데 큰 도움이 안 된다는 것을 실험에서 밝혀냈다. 우리의 상식과 달리 연거푸 반복해서 읽는 것은 효과가 없다는 것이다.

만일 아이들이 두 번 혹은 세 번 읽는 동안, 책의 내용을 자신의 경험이나 사전지식과 적극적으로 연결지었다면 결과는 달라졌을 것이다. 새로운 지식을 알고 있는 지식과 연결하면서 읽는 것을 '정교화 읽기'라고 한다. 정교화 읽기 방식으로 글을 읽으면 새롭게 알게 된 정보가 이미 알고 있던 지식들과 다양한 연결을 이루며 하나의 망으로 통합된다. 그렇게 되면 시간이 지나도 지워지지 않고 잘 보존되며 연결고리들이 단서가 되어 필요할 때 꺼내 쓰기도 좋다.

하지만 기계적으로 반복해서 읽기는 새로 알게 된 정보를 기존의 지식망에 연결시키지 못하기 때문에, 열심히 외운 것 같은데 모두 사라져버리는 결과를 낳는다. 따라서 읽은 내용을 잘 기억하려면 읽고 나서 책을 덮고 방금 읽은 내용을 자신의 말로 요약하는 등 적극적인 태도로 공부해야 한다.

수학의 개념을 이해하지 못해서 문제를 못 푸는 아이를 만나면,

나는 수학 교과서를 소리 내어 읽게 한다. 그리고 읽는 모습을 지켜보다가 아이가 중요한 부분을 읽었다고 판단되면, 잠시 책에서 눈을 돌려서 자신의 말로 설명해보라고 한다. 의미를 생각하면서 읽은 아이는 요점을 간추려 잘 이야기하지만 건성으로 읽은 아이는 핵심을 파악하지 못하고 읽은 문장을 그대로 기억해서 말하려고 애쓴다. '영혼 없는 반복'이란 이런 것이다. 책의 내용을 자신의 경험이나 사전지식과 연결하지 못하고 글쓴이의 생각을 수동적으로 따라서 읽는 것. 이렇게 읽으면 백 번을 반복해도 소용이 없다. 새로운 정보를 자기가 알고 있는 기존 지식에 통합하면서 읽어야 내용을 '정교화'시킬 수 있고 그렇게 읽은 내용은 오래도록 잊지 않고 기억할 수 있다.

안다는 착각에 빠질 수 있다

책을 읽으면 마치 그 내용을 자신이 속속들이 알게 된 것 같은 착각에 빠진다. 책을 읽어서 '익숙해진 것'을 '알게 된 것'으로 착각하기 때문이다. 이것이 읽기 공부의 함정이다. 익숙한 것과 아는 것은 다르다. 안다는 것은 읽은 내용이 자기의 지식 체계에 잘 엮어 들어가 통합된 것을 말한다. 그렇게 되면 책을 덮어도 핵심 내용을 자기의 언어로 말하는 데 어려움이 없다. 읽는 동안 새로운 내용을 자신의 지식 체계에 편입시키지 못하면 장기기억 속으로 안착하지 못하고 작업기억대에 머물다가 사라지고 만다. 이렇게 스쳐간 정보는 글쓴이의 지식일 뿐 내 것은 아니다.

예를 들어, 원소와 원자와 분자가 각각 어떻게 다른 개념인지 알기 위해서 교과서를 읽는다고 하자. 책을 읽는 동안에는 각각의 개념과 이들의 차이를 다 알 것 같다. 설명이 잘 되어 있기 때문에 개념들이 쉽게 이해가 가고 심지어 원래부터 알고 있었던 것처럼 생각되기도 한다. 그런데 책을 덮고 읽은 내용을 요약해보려고 하면 입이 쉽게 떨어지지 않는다. 그렇게 쉽게 이해가 갔던 개념들이 갑자기 흐릿해지고 뒤섞여버리는 것이다. 책을 읽으면서 글을 쓴 사람의 생각을 졸졸 따라가는 것은 쉽지만, 그 생각을 자기 것으로 만들기 전에 책을 덮으면 방금 따라서 걸은 길이 희미해진다. 혼자서도 그 길을 찾아 걸을 수 있으려면 읽는 동안 내용을 자신의 언어로 바꾸어 저장해야 한다.

다음은 읽기 공부의 함정이 드러난 실제 사례이다. 나영이는 국어 교과서에 나오는 설명글을 읽고 나서 자기 말로 요약을 해보겠다고 했다. 다음은 '광고'를 설명한 글이다.

광고는 사람들을 설득해서 소기의 목적을 달성하기 위해 만든 텍스트이다. 광고는 제작 목적에 따라 공공의 이익을 추구하는 공익광고와 개인의 이익을 추구하는 상업광고로 나눌 수 있다. 상업광고는 다시 기업을 홍보하기 위해서 만든 기업 이미지 광고와 특정한 상품의 홍보를 위해 만든 상품광고로 구분된다.

"별로 안 어려운데요? 해볼게요." 나영이는 자신 있는 표정을 지었다. 그런데 막상 책을 덮고 나서는 첫 마디를 떼지 못했다. "뭐지? 그거, 아, 그거 있는데"라며 머뭇거렸다. 읽을 때는 너무 쉬워서 술술 말할 수 있을 것 같았는데, 막상 책을 덮으니 입안에서 빙빙 돌기만 하고 말이 나오지 않는다고 했다. 글쓴이의 생각에 업혀 가면서 자기 걸음으로 가고 있다고 착각을 했던 것이다.

책을 읽으면서도 내용이 어려워서 알 듯 말 듯 이해가 잘되지 않는 경우도 있다. 수학 교과서에 나오는 함수의 정의가 그런 예에 해당한다.

"일반적으로 두 변수 x, y가 있고, x의 값을 하나 정하면 거기에 대응해서 y값이 단 하나만 정해질 때 y를 x의 함수라고 한다."

아이들은 함수의 정의를 읽고도 무슨 말인지 바로 이해하지 못한다. 한 번 읽고 나서 책을 덮고 말해보라고 하면 알쏭달쏭한 표정을 짓는다. "한 번만요. 한 번만 더 읽고요. 알 것 같은데 설명을 잘 못하겠어요."

어휘 하나하나는 알 것 같은데 그리고 문장도 이해가 가는데 전체적으로 무슨 말인지 이해가 안 가는 경우에는, 예를 들어 설명해주는 게 가장 효과적이다. 함수 관계가 성립하는 예와 성립하지 않는 예를 들어주면 고개를 끄덕인다. 이렇게까지 했는데도 개념을 정리해서 말해보라고 하면 또 머뭇거린다. 아직도 외부 정보가 자신의 지식 체계로 통합되지 못하고 있다는 증거이다.

읽거나 설명을 들어서 안다는 것은 이렇게 쉬운 듯 쉽지 않은 과정이다. 아이들이 함수의 개념을 읽고도 명확히 이해하지 못하는 것은 문장을 따라 읽으면서 무슨 뜻인지 겨우 파악은 했지만, 그 내용이 자신의 경험과 엮이지 못했기 때문이다. 함수라는 말은 일상생활에서 거의 사용되지 않으므로 생활 속에서 마주하기 어렵다. 그래서 아이들이 갖고 있는 지식망의 어디에도 붙여넣기가 어려웠을 것이다. 이것이 읽고 나면 바로 잊어버리는 이유다.

읽고 있는 동안에는 아는 것 같은 착각에 빠질 수 있다는 것을 꼭 명심해야 한다. 읽은 내용을 정말 이해했는지 계속해서 점검하면서 공부해야 나중에 당황하는 일이 없다. 반복해서 읽은 게 전부인데 안다는 착각에 빠지면, 기대했던 좋은 점수를 받지 못해 실망이 커진다.

불안을 떨쳐내려는 가짜 공부

대부분의 아이들이 성적이 떨어지거나 좋은 대학에 못 갈까 봐, 또는 나중에 가난하게 살게 될까 두려워서 공부를 한다고 말한다. 불안감 때문에 공부를 하는 것이다. 그러다 보니 마음이 늘 조급하고 성취에만 초점을 맞춘 공부를 하게 된다. 공부는 언제나 시험에 초점이 맞춰져 있고 일단 발등에 떨어진 불을 끄고 보자는 식으로 시험공부를 급하게 하다 보니 시험이 끝나면 공부했던 내용이 머릿속에서 깨끗이 사라진다.

단어 시험 날짜를 일주일 전에 알려줘도 많은 아이들이 하루 전까지도 단어를 외우지 않는다. 미리 외워 놓으면 다 잊어버려서 어차피 그 전날에 다시 외워야 하기 때문이란다. 당일 아침에 외우거나 쉬는 시간에 빨리 한 번 훑어보고서 시험을 보는 게 가장 효과적이라는 게 많은 아이들의 생각이다.

뭐니 뭐니 해도 불안감이 동력이 되는 대표적인 공부는 시험 전날에 하는 밤샘 공부일 것이다. 나중에는 기억이 안 나도 좋으니 시험을 치는 그 시간까지만 머릿속에 남아 있어라 주문을 외우면서 꾸역꾸역 내용을 집어넣는다. 그런데 운이 좋아서 주문이 통했다 해도 시험이 끝나면 애써 외운 개념과 문제풀이 방식이 모두 머릿속에서 사라져버린다.

그밖에도 불안하니까 무리하게 하는 선행학습, 개념 이해를 건너뛰는 문제풀이 방식도 노력에 비해서 손에 쥐는 성과가 적다. 이런 공부를 하는 동안은 뭔가를 하고는 있으니 마음의 불안이 줄어들기는 할 것이다. 그러나 이것들은 뇌가 '싫어하는' 공부 방법들이다.

밤샘 공부는 밑 빠진 독에 물 붓기다

시험 전날은 해야 할 건 많고 시간은 부족한 날이다. 평소에 공부를 안 하던 아이도 시험 전날 밤이 되면 불안하고 초조해진다. 그래서 게으른 욕심꾸러기들은 잠을 자지 않기로 결심한다. 밤 9시부터 다음날 시험 치기 직전까지 시간을 헤아려보고, 공부해야 할 분량을 따져보면 얼추 한 번씩은 보고 시험장에 들어갈 시간은 되는 것 같다. 이제 잘 버티기만 하면 된다. 하지만 밤샘 프로젝트는 대부분 졸음에 자리를 내주고 다음날 아침에 심한 자책으로 마무리된다. 그런데 결심대로 밤을 새운다 해도 큰 이득은 없다는 게 뇌과학자들의 한결같은 주장이다.

평소에 꾸준히 조금씩 그리고 반복해서 하는 공부가 제대로 뇌에 기록되고 오래 지워지지 않는다. 이것이 공부의 원리다. 그에 비춰보면, 벼락치기 공부가 얼마나 부실한 공사가 될지 쉽게 짐작이 된다. 머릿속에 우격다짐으로 정보들을 밀어 넣고는 시험이 끝날 때까지 새어나가지 못하게 틀어막고 있어야 하는 게 벼락치기 밤샘 공부다. 그런데 유감스럽게도 이렇게 밀어 넣은 공부는 시험지에 답을 써야 할 순간에 잘 기억나지 않는다. 왜 그런 걸까?

하루 종일 사람들은 많은 것을 보고 듣는다. 감각기관이 세상을 향해 열려 있고 원하든 원하지 않든 계속해서 엄청난 양의 정보들이 쏟아져 들어온다. 그리고 갖가지 경험들은 선별되지 않은 채로 뇌에 기록된다. 이런 정보 유입은 잠자리에 들어야 끝이 난다. 눈과 귀가 닫혀서 더 이상 외부 자극이 안 들어오게 될 때 뇌는 낮 동안 쌓인 정보들을 분류하고 정리하는 일을 시작한다. 자료를 검토해서 중요하지 않은 것은 버리고 중요한 것들은 기억 흔적을 더 강하게 만드는 것이 우리가 자는 동안 뇌가 하는 일이다.

충분한 수면이 공부에 도움이 된다는 주장은 많은 연구자들에 의해 꾸준히 제기되었다. 잠을 푹 잔 쥐가 그렇지 못한 쥐보다 먹이가 있는 곳을 더 잘 찾아간다는 연구는 수면이 해마(기억을 담당하는 뇌)의 정상적인 기능과 관련이 있다는 것을 보여주었고, 또 다른 연구는 잠이 부족한 아이는 전두엽의 기능에 문제가 생겨서 집중력이 떨어진다는 것을 보여주었다.

집중력이 떨어지는 상태로 시험 문제를 푼다면 어떤 결과가 나오겠는가? 공부한 내용이 잘 기억나지 않는 것은 물론이고 아는 것도 실수로 틀리게 된다. 성균관 대학 홍승봉 교수 연구팀은 고등학교 2학년을 대상으로 잠을 충분하게 잔 학생들과 잠이 부족한 학생들의 기억력을 비교하는 실험을 했다. 실험 결과, 잠이 부족한 학생들이 기억력 문제에서 더 많이 틀리는 것으로 나타났다.

대충 훑는 선행학습

방학이 돌아오면 학습 관련해서 어김없이 듣게 되는 질문이 있다.

고민맘

선생님, 저희 애는 수업 중 수행평가 점수도 괜찮고, 단원평가도 며칠 전부터 바짝 공부해서 점수가 나오는데, 중간·기말 고사 점수는 항상 별로예요.

고민맘

중간·기말고사를 준비할 때는 학원 다녀와서 밤늦게까지 책상에 앉아서 열심히 하거든요.

뇌의 힘

너무 열심히 하는 게 문제네요.

고민맘

네?

뇌의 힘

벼락치기로 한 번에 많이 하는 공부는 오래가지 못해요.

뇌의 힘

그리고 잠을 푹 자야 머릿속에서 그날 배운 게 정리되거든요.

뇌의 힘

책을 눈으로만 읽지 말고, 서투르더라도 자기 말로 설명하게 하세요.

"이번 방학에 예비 고등학생 대상으로 수학 특강이 있는데 들을까요? 한 달 동안 속성으로 고1 수학을 훑어주는 수업이래요. 수학에 자신이 없는데 예습을 하고 가면 자신감을 갖고 잘할 수 있을 것 같아서요."

이번에도 내가 하고 싶은 대답은 "예습 말고 복습"이었다. 하지만 수학에 자신이 없어 늘 마음을 졸이는 데다가 고등학교라는 거대한 도전을 눈앞에 둔 시영이에게 고등학교 수학 말고 중3 수학을 탄탄하게 다지는 복습을 하자는 말이 얼마나 통하겠는가? 학습에는 동기부여가 중요한데, 내 말에 공감하지 못하는 아이가 중3 수학을 열심히 복습하겠다고 마음을 먹을지 이런저런 생각에 고민이 많았다.

"별 효과가 없을 텐데……."

"그래도 안 하는 것보다는 낫겠지요?"

말려도 할 것 같은 느낌이 강하게 전해지면, "그럼 열심히 해봐"라고 말하면서 물러서기도 한다.

그렇게 보름쯤 지났을 때 나는 다시 물었다.

"수학 특강은 잘 듣고 있니?"

"너무 빠르게 진행돼서 따라가기 어려워요. 그래도 안 빠지고 열심히 하고 있어요."

처음에는 이렇게 대답하던 아이도 두 주가 더 지나니 대답이 달라졌다.

"시간만 버리는 것 같아요. 뭐가 뭔지 통 못 알아듣겠어요. 그냥 멍하니 앉아만 있다가 와요." 이렇게 말하면서도 아이는 혹시나 하는 마음에, 또 미리 낸 특강비가 아까워서 과감히 끊지 못하고 있었다. 특강비보다 의미 없이 보내는 시간이 더 아까우니 그 시간에 혼자 공부하자고 설득하는 일은 언제나 조심스럽다. 도움이 안 돼도 끝까지 '성실하게' 특강을 들으려는 아이들도 종종 있기 때문이다.

시영이가 고등학생이 된 4월쯤에 "수학은 어때? 방학 특강은 도움이 많이 되고 있니?" 하고 물었더니 돌아온 대답은 대충 이랬다. "아니요. 그다지…. 기억나는 것도 있긴 한데요. 어차피 학교 수업을 열심히 들으면 특강을 안 들었어도 알만한 것들이에요. 특강 때는 진도가 너무 빨라서 제대로 이해하지 못했거든요. 어려운 문제는 여전히 못 풀어요. 그게 문제죠."

공부에 대한 불안감에 대충이라도 한 번 훑고 가자는 심리가 만들어진다. 그리고 이런 심리를 이용하는 학원들이 방학을 맞이해 여기저기 현수막을 내건다. 아이들은 불안감을 줄이기 위해서 어설픈 예습을 선택하고, 비용과 시간을 쏟아부으며 방학을 보내지만 만족감은 그리 높지 않은 것 같다. 방학은 부족한 부분을 개인적으로 보충하면서 모처럼 편안하게 공부와 만날 수 있는 시간이다. 이렇게 만나야 깊이 있고 즐겁게 개념과 원리, 이론을 만날 수 있다. 이 좋은 기회를 활용하지 못하고 어설픈 예습으로 아이들을 떠미는 일을 어른들이 하고 있다.

문제 풀이는 확인 용도로만

책을 읽고 학습지 내용을 외우는 공부만으로는 성과를 확인하기 어려워서일까? 아이들은 공부를 시작하면 자꾸 문제집을 풀고 싶어 한다. 문제를 푸는 과정에서 공부가 조금 되기도 하니까 이 공부법을 무조건 나무랄 수만은 없지만 내용 공부도 제대로 안된 상태에서 성급하게 문제부터 풀려고 하는 태도는 좋은 결과를 가져오지 못한다. 공부를 다하고 난 뒤, 제대로 이해했는지 또는 중요한 내용을 잊지 않고 기억하는지 확인하고 부족한 부분을 보충하기 위해 문제집이 필요한 것이다. 그런데 아이들은 교과서 내용을 숙지하지 못한 상태로 문제집을 푼다. 그러고는 60~70% 정도를 맞춘다. 심하면 절반을 틀리기도 한다.

우주도 문제집을 먼저 푸는 아이였다. 한번은 사회 1단원 문제를 모두 풀고 채점을 해보았는데 50점이었다. 문제를 풀면서 우주의 머릿속은 어땠을까 상상해보았다. 뭐가 뭔지 잘 모르겠고 혼란스럽고 좌절감이 생기기도 했을 것이다. 한 단원을 정리하는 느낌이 들기보다 막막한 느낌이 더 들었을 것 같다. 이렇게 많이 틀리면, '다시 공부해야지' 하고 야무지게 마음먹는 대신에 아이들은 지레 포기해버린다. 그러고는 이렇게 정리한다.

"너무 어려워!" "역시 나는 안 돼."

꼼꼼히 읽고 외우고 나서 문제를 풀어야지, 왜 공부가 안 된 상태로 문제를 풀었느냐고 물으니까 이렇게 대답했다.

"문제집을 풀면 공부를 다한 것 같아서요."

자기 공부에 대한 책임감, 목표, 전략 같은 것들이 없는 아이들이 마음만 앞서서 문제를 서둘러 푸는 것 같다. 그리고 그 결과 스스로를 50점짜리로 성급하게 결론을 내버린다.

"선생님, 문제집 사야 해요?"

새 학기가 되면 아이들한테 많이 받는 질문이다.

"필요하면 사."

그러면 아이는 다음 질문을 한다.

"전 과목 문제집을 다 사야 해요?"

문제집이 왜 필요한지 본인이 스스로 생각해서 결정해야 하는데 공부를 스스로 주도하지 못하는 아이들은 자꾸만 이런 것들을 묻는다. 그럴 때는 충분히 대화를 나눈 뒤 스스로 결정하게 해야 한다.

쉽게 배우면 내 것이 되지 못한다

'no pain, no gain'(고통이 없으면 얻는 것도 없다)는 서양 속담처럼 배우는 과정이 너무 쉬우면 얻는 것도 신통치 않을 때가 많다. 충분히 머리를 쓰고 시간을 써서 온몸으로 익혀야 잘 배운다는 것을 어른들은 삶 속에서 알게 된다. 세상에 공짜는 없다는 이 교훈은 뇌과학의 발견과도 일치한다.

그런데 정작 아이들이 공부하는 것을 지켜보면 "no pain, just gain"(고통 없이 성공하자)를 목표로 하는 것 같다. 어른들도 나서서 아이들이 쉽게 배울 수 있게 열심히 돕는 모양새다. 아이들 스스로 책을 읽어서 내용을 이해하고, 중요한 요지를 간추리고, 또 묻기 전에 오래 생각하면서 '어렵게' 공부하는 방법은 시간과 노력이 많이 들기 때문에 권장되지 않는 분위기다. 요즘 아이들은 할 게 많고 그래서 늘 바쁘기 때문에 쉽게 빨리 배울 수 있는 방법을 알려줘야 한다고 믿는 어른들이 많은 것 같다.

귀로 하는 공부는 한계가 있다

관찰해보면 지금 학교를 다니는 아이들은 읽으면서 하는 공부에 익숙하지 않다. 눈 대신 귀를 써서 들으면서 공부하는 것을 좋아한다. 학교에서는 선생님의 설명을 듣고, 모르는 건 친구한테 물어서 듣고, 학원 수업을 듣고 와서 인터넷 강의를 듣는다. 이처럼 오직 듣는 공부로 하루를 채우는 아이들이 많다. 듣고 앉아 있으면 시간은 흐르고, 집중해서 듣지 않아도 수업은 끝난다. 그런 다음 공부를 많이 한 것 같은 착각에 빠져서 만족스러워 한다.

사실 '듣는 공부'는 학교 수업만으로 충분하다. 나머지 시간은 스스로 읽고 생각하고 고민하는 데 써야 한다. 그런데 요즘 아이들은 여기저기에 귀를 세우고 다니느라 바쁘고 고단하다. 진짜 공부는 못 하는 시간들이다.

아정이는 질문하는 것을 좋아하는 아이였다. 쉬는 시간이면 여기저기 물어보러 다니느라 바쁘다고 했다. "혼자서 차분히 생각해서 알아낼 수는 없을까?"라고 말했더니, 그러는 시간에 물어보는 게 편하다고 했다. 그렇게 아정이는 학교에서 매우 분주하게 시간을 보냈다. 집에 돌아와서 되짚어보면, 설명을 잘하는 똑똑한 친구와 비교가 되면서 우울해진다고 했다. 열등감이었다.

"왜 책을 읽어보지 않니? 책에 설명이 잘되어 있는데."

"읽어도 이해가 안 될 것 같아서요."

"급하게 마음먹지 말고 시간을 충분히 갖고서 차근차근 몇 번이고 읽어봐."

아이들이 잘 모르겠다고 하면, 부모님들은 별 생각 없이 "잘 아는 친구에게 물어봐"라고 충고한다. 하지만 친구에게 묻기 전에 스스로 알아내기 위해서 충분히 노력하는 시간을 가져야 한다는 게 나의 생각이다. 여기저기 묻고 다니는 시간에 자료를 찾아서 읽어야 한다. 공부는 '배우는 것'이 아니고 혼자 '깨우치는 것'이다. 자신감을 갖고 천천히 곱씹으면서 읽다 보면, 전부는 아니더라도 이해가 되는 부분이 있을 것이다. 질문은 이때 해도 늦지 않다. 급한 마음에 묻기부터 하면 이해도 잘 안될 뿐 아니라 아정이처럼 우울감을 느낄 수도 있다.

다음은 성호의 이야기다. 여름방학이 시작되고 얼마 지나지 않아서 성호 어머니가 상담실을 찾아오셨다. 성호가 학원에 다니지 않고 집에서 혼자 공부를 하는데 이러다가 다음 학기에도 성적이 안 나올까봐 걱정된다고 하셨다. 성호가 학교에서 돌아오면 꼼짝 않고 공부만 하는데 성적은 좋지 않다고 걱정을 하던 성호 어머니의 얼굴이 떠오른다.

열심히 해도 성적이 오르지 않는다면 방법이 잘못되었을 것이다. 나는 어머니께 성호가 공부하는 시간과 방법을 자세히 적은 것을 들고 직접 오면 좋겠다고 말씀드렸다.

일주일 뒤, 드디어 성호가 나타났다. 예상했던 대로 성호의 공부 방법에는 문제가 있었다. 성호는 학교 수업을 마치고 집에 돌아와서는 전 과목의 인터넷 강의를 듣고 있었다. 학원을 안 다니는 대신 인터넷 강의를 들으면서 공부하는 것이 성호가 하는 '자기주도

학습'이었다. 뚜렷한 목표 없이 학교에서 배운 것을 한 번 더 본다는 생각으로, 인터넷 강의를 켜 놓고서 보다 말다 하면서 시간을 보냈다. 이런 식의 흘려듣기로는 이해가 깊어질 수 없고, 기억회로를 강화할 수도 없다. 귀로 하는 공부가 비효율적이라는 점을 성호를 통해 다시 한 번 확인할 수 있었다.

다시 한 번 말하지만, 듣는 공부는 이해한다는 착각에 빠지게 한다. 전문 강사가 공부해야 할 내용을 소화하기 쉬운 형태로 요리해서 던져주기 때문에, 듣고 있으면 그 순간에는 다 알 것 같다. 그러니 읽으면서 이해할 때보다 뇌는 편안하다. 반면에 읽기 공부는 듣기보다 어려운 공부법이다. 친절한 설명이 보태지지 않으므로 스스로 파악하고 이해해야 한다. 읽다가 이해가 안 되면 그곳에서 공부도 멈춘다. 강의는 흘려듣고 넘길 수 있지만 읽기는 그러기가 쉽지 않다. 물론, 앞에서도 지적했지만 기계적으로 반복해서 읽기는 듣기와 마찬가지로 효과가 없다. 'no pain, no gain'이라는 속담을 꼭 기억하자. 뇌가 편안한 공부법으로는 많은 것을 얻지 못한다.

교과서 vs 요약한 자료

"오늘 수업 시간은 어땠니? 집중해서 잘 들었어?"

"과학 시간에 전기에 대해 배웠는데 너무 어려워요. 무슨 말인지 모르겠어요."

"수업을 잘 들었는데도 내용이 어려워서 이해하지 못했구나. 교과서는 읽어봤니?"

"아니요. 교과서 안 봐요."

"그럼 뭘로 수업해?"

"학습지요. 선생님이 프린트 해서 주세요."

지난 십 년간 아이들과 학습 상담을 하면서 이런 대화를 많이 나누었다. 그리고 많은 교실에서 교과서가 아니라 선생님이 만든 학습지로 수업을 진행한다는 것을 알게 되었다. 교과서의 내용을 정리해서 이해를 도우려는 목적일 것이다.

아이들이 가져온 학습지는 간략하게 정리된 개념과 필요한 공식, 그리고 이것을 외워서 써 넣는 빈칸 채우기 문제로 채워진다. 그런데 핵심적인 내용을 뽑아서 요약정리를 하다 보니 자세한 설명이나 예시, 그림 자료 등은 빠져 있는 경우가 대부분이었다. 교과서를 보지 않은 아이들이 학습지만 읽고 내용을 파악하기는 어려워보였다.

어떤 개념을 이해하려면 관련 있는 여러 가지 지식을 떠올리고 비교하면서 생각해야 한다. 처음 보는 개념인데 머릿속에 배경지식이 없으면 단번에 알아채기 어렵다. 중학교 아이들이 소금물의 농도를 구하는 문제라든지 원소와 원자의 개념 차이 등을 이해하는 게 힘든 이유도 이 개념들이 낯설기 때문이다. 사전지식이 부족하니 풍성한 비교가 이루어질 수 없고 그 결과 깊이 있는 이해에 이르지 못한다.

교과서는 이런 부분을 보완해준다. 아이들이 지금껏 경험하지 못한 낯선 개념을 소개하기 위해서 아이들의 눈높이에 맞추어 다양한 상황과 사례들을 제시한다. 얼핏 보면 내용이 많고 산만해보이지만, 계산된 편집이라고 생각한다. 대다수 아이들에게는 학습지보다 교과서가 친절한 도구이다. 그럼에도 아이들은 교과서를 읽으려고 하지 않는다. 글의 양이 많고 일목요연하게 정리가 되어 있지 않다는 게 교과서를 기피하는 이유다.

교과서를 읽지 않은 상태에서 학습지로 요약된 내용을 공부하게 되면 기반 지식이 약한 아이들은 개념을 이해하지 못한다. 요약된 내용만으로는 자신이 갖고 있는 지식의 창고에서 유사한 정보를 길어 올릴 단서를 찾지 못하기 때문이다. 교과서를 읽으면서 스스로 내용을 요약해서 학습지를 만들어보는 게 가장 좋은 공부 방법이겠지만, 그게 번거롭다면 적어도 '교과서 정독 후 학습지 공부'가 되도록 공부 순서를 바로잡아야 한다. 교과서 읽기 없이 학습지만 붙잡고 외우는 방법은 모래밭에 나무를 꽂는 것처럼 위태롭다. 뿌리를 내리기 전에 바람에 쓰러지고 만다.

아이들이 "내용이 이해가 안 돼요"라고 말하면 나는 우선 그 부분의 교과서를 읽으라고 한다. 꼼꼼하게 의미를 생각하면서 교과서를 읽다 보면 대부분의 아이들이 내용을 알아듣는다. 몇몇 아이들은 교과서에서 발견한 친절한 설명에 깜짝 놀라기도 했다.

공부량을 측정하는 기준

시험공부를 하다 보면 다른 친구는 공부를 얼만큼 했는지 궁금해진다. 그래서 친한 사이에는 서로 얼마나 했느냐고 묻기도 한다. 어디까지 읽었는지, 몇 번 읽었는지, 몇 장을 풀었는지 물어서 시험 준비가 어느 정도 되었는지 가늠해본다. 공부를 충실하게 했는지 재는 일은 쉽지 않기 때문에 언제나 공부의 질(質) 보다는 양(量)으로 비교 기준을 삼는 것이다.

이런 예는 또 있다. "하루에 열 쪽씩 풀어요?" "매일 스무 쪽씩 읽었어요." 평소에 공부를 얼마나 하고 있는지 이야기할 때도 무심히 분량으로 말하는 경우가 많다. 그런데 이렇게 분량으로 측정하는 공부는 학습 효율을 떨어뜨린다. '무엇을 알아야 한다'는 목표 없이 몇 장을 풀기 위한 공부를 하면 건성으로 하고도 하루 공부를 다 했다는 함정에 빠진다. 열심히 한 것 같은데 발전이 없다면 혹시 이런 공부를 하고 있는 건 아닌지 되짚어보자.

효과적인 공부를 하려면 시작하기 전에 구체적인 목표를 세워야 한다. 이때의 목표는 '몇 장 읽기'나 '몇 장 풀기'가 되어서는 안 되고, '무엇을 알기'여야 한다. 그리고 공부가 끝난 후에는 목표에 도달했는지 반드시 확인해야 한다. 교과서에는 대단원은 물론이고 아래 예시와 같이 소단원에도 학습 목표가 명시되어 있다. 이것을 참고해서 개인의 필요에 맞는 학습 목표를 세우고 공부를 시작해야 양이 아닌 질을 완성하는 공부를 할 수 있다.

단원명 : 3. 바람이 부는 이유는 무엇일까?

학습 목표 : 기압의 차이에 의해 바람이 분다는 것을 설명할 수 있다.

위는 중학교 과학 교과서에 나오는 소단원명과 학습 목표이다. 이 단원을 읽기 전에 학습 목표를 먼저 알아야 한다. 그리고 '교과서를 3번 읽기'가 아니라, '기압의 차이에 의해 바람이 분다는 것을 설명하기'가 공부의 목표가 되어야 한다.

아이들이 양을 기준으로 하는 공부를 쉽게 선택하는 이유는 무엇일까? 질을 따지는 공부보다 스트레스가 적기 때문이다. 학습 내용의 난이도가 높으면, '무엇을 꼭 알아야 한다'는 목표는 엄청난 스트레스가 된다. 그러나 '몇 장을 풀면 된다'는 기준은 상대적으로 덜 어렵게 느껴진다.

한 아이가 연습장 세 장에 수학 문제를 빼곡히 풀어오라는 과제를 받아왔다. 선생님은 수학을 잘하려면 하루에 연습장을 세 장 정도는 쓰면서 수학 문제를 풀어야 한다는 생각으로 숙제를 내셨을 것이다. 그런데 선생님의 의도와는 달리 아이들은 갖은 편법을 써서 숙제를 해가는 것에 집중한다. 공부가 되고 있는지는 안중에 없다. 아이들은 쉬운 문제를 고르고 글자 크기를 최대로 키워서 연습장을 이내 채워버린다. 머리를 쓰지 않고 손과 엉덩이로 하는 공부는 그 과정은 그럴듯해 보여도 결과는 변변치 않다.

양으로 하는 공부의 가장 큰 문제점은 쉬운 문제를 풀고 쉬운 책을 읽으면서 시간만 채우기 급급하다는 것이다. 보여주기 위한 공부를 하다 보니 시간은 많이 쓰는데 그 시간 동안 자기 발전이 이루어지지 않는다. 공부를 시작하기 전에 학습 목표를 정하지 못하고 시작했다면, 공부를 마친 후라도 공부하기 전과 하고 난 후 자신의 머릿속을 비교해봐야 한다. 만약에 세 시간을 공부했는데 공부를 시작하기 전과 달라진 게 없다면 헛공부를 한 것이다. 이 사실을 뼈아프게 받아들이고 반성해야 다음부터는 공부를 효과적으로 할 수 있다.

잘못 쓰면 독이 되는
정답지

문제집의 답지는 양날의 칼과 같다. 답지를 아이들 손에 쥐어 주면 문제가 안 풀릴 때마다 답지를 보고 싶은 유혹에 흔들리게 된다. 그렇다고 답지를 안 주면 문제를 풀고 나서 맞게 풀었는지 확인할

고민맘

매일 꾸준히 공부를 시키는 게 가장 어려워요. 문제집은 하루에 몇 장 풀면 적당할까요?

뇌의 힘

어머니, 오랜만에 친구 분을 만나시는 날, 김밥을 각자 세 줄씩 배부르게 드시고 싶으세요, 고급스러운 스테이크를 한 쪽 드시겠어요?

고민맘

그야 기왕이면 기억에 남을 만한 걸 먹고 싶지요. 오랜만인데.

뇌의 힘

공부도 마찬가지예요.
열 장을 풀어도 쉬운 문제들만 풀면 나한테 남는 게 없어요. 한 문제를 풀더라도 머리를 쓰면 신기하게 성적이 오릅니다. 진짜 공부를 했으니까요.
다음부터는 아이에게 분량 과제를 주지 마시고, 한 문제를 풀어도 제대로 풀게 이끌어주세요.

수 없어서 공부의 효율성이 떨어질 수 있다. 잘 활용하면 약이 되지만 잘못 쓰면 독이 되는 게 정답지이다.

미리 답을 써 놓고 외우기 (영어 해석 외우기)

시험은 코앞인데 시간이 없을 때 아이들은 문제지에 정답을 베껴 쓰고 외우는 방법으로 공부하기도 한다. 이 방법은 급할 때 점수를 몇 점 올리는 데 도움이 될지 모르겠지만 매우 위험한 공부법이다. 문제를 풀고 나서 정답을 맞히는 것과 정답을 미리 써놓고 외우는 것은 학습 효과에서 큰 차이가 있다는 것을 알아야 한다.

문제집 풀기는 공부한 내용을 잘 이해하고 있는지, 암기한 것들은 잘 기억하고 있는지 스스로 확인하는 과정이다. 그러니 문제집 풀기는 공부의 마지막 단계에서 해야 한다. 문제를 읽으면서 어느 단원 어떤 내용에 대해 묻는지 기억을 더듬어서 찾고, 이해하고 외운 것들을 정확하게 떠올려 답을 골라야 한다. 이처럼 문제를 푸는 과정에서도 기억 흔적이 강화될 수 있다. 기억은 반복해서 떠올릴수록 강화되기 때문이다. 뿐만 아니라 문제를 풀면서 내용을 더 깊이 이해하게 된다. 질문 내용이 공부할 때는 미처 생각지 못했던 통찰을 가져다주기도 하고, 공부한 내용을 재구성해서 생각하게도 한다.

그런데 시간이 없다는 이유로 답을 미리 써 놓고 외우는 식으로 공부하면 기억 찾기 과정을 경험할 수 없다. 답을 '찾기 위해' 고민하는 것에는 찾아 놓은 답을 '외우기 위해' 노력하는 것보다 훨씬 강도 높은 집중력이 필요하다. 그리고 이런 차이가 학습 효과로 이어진다. 답을 외우기만 한 아이는 답을 찾아서 쓰고 확인하면서 문제를 푼 아이보다 시험에 같은 문제가 나왔을 때 맞힐 확률이 떨어진다. 문제를 풀려고 애쓴 아이의 뇌는 공부하는 동안 힘들었을 것이다. 이것을 '바람직한 스트레스'라고 부르고 싶다. 그 힘듦이 문제와 답을 오래 기억하게 한다.

과도한 사교육의 부작용을 막기 위해서 몇 년 전부터 수학능력평가에서 EBS 발행 문제집과 동일하거나 유사한 문제를 출제하고 있다. 수능을 준비하는 고3 아이들은 이제 모두 EBS 문제집을 푼다. 그런데 점수를 잘 받고 싶다는 욕심이 앞서는 일부 아이들이 영어 문제집에 나오는 지문의 해석을 외운다는 소문이 돌았다. 설마 했는데 사실이었다. 영어 지문을 해석하는 연습을 통해서 독해 실력을 키워야 하는 아이들이 해석 연습은 하지 않고 아예 한국어 해석을 통째로 외우는 어이없는 방법으로 시험을 준비하고 있었다. 학습에는 관심이 없고 성취에만 급급한 아이들의 위험한 선택이다.

한국어 해석을 먼저 보고 나서 영어 지문을 읽는 아이들도 있는데, 이렇게 하면 방금 본 내용이 기억나서 당장은 해석이 잘된다. 그러나 시간이 지나 영어 지문을 다시 보면 처음 보는 문장처럼 낯설게 느껴질 수 있다. 해석을 하는 동안에 영어 문장 구조에 집중하지 않고 기억에 남아 있는 한국어 의미를 따라 얼렁뚱땅 해석을 했기 때문이다. 이런 공부 방법으로는 똑같은 문장이 시험에 나와도 틀릴 수 있다. 공부하는 동안 일을 많이 하지 않은 뇌는 시험 시간에 실력을 발휘할 수 없다.

문제집을 풀 때는 미리 답을 적어 놓고 외우지 말고 최선을 다해 공부한 내용을 기억해내서 풀어야 한다. 문제집을 푸는 것은 '안 보고 회상하기' 연습을 하는 것이며, 이는 기억의 매듭을 단단히 하는 좋은 공부법이다.

오래 생각하지 않고 답지부터 보기

문제집을 풀다가 잘 모르는 문제가 나오면 고민하지 않고 답지부터 찾는 아이가 있었다. 좀 더 생각을 해보고 나서 답지를 보라고 했더니, 빨리 답을 확인하고 외우는 게 낫다고 말했다. 어차피 오래 생각해도 문제를 풀지 못할 텐데, 괜한 시간 낭비 말고 답을 바로 보겠다는 게 중학교 3학년 재원이의 생각이었다. 잘못된 공부법을 바로잡아야 했다.

고집이 센 재원이를 설득하려면 과학적인 데이터가 필요해보였다. 그래서 스스로 효과를 체험할 수 있는 간단한 실험을 하기로 했다. 답을 베끼고 외우는 방법과 시간은 더 걸리더라도 오래 고민해서 풀고 답을 맞히는 것을 둘 다 체험한 뒤 효과를 비교하는 것이다.

역사 문제집에서 소단원 두 개를 정해서 한 단원은 재원이가 하던 방법으로, 다른 한 단원은 내가 권하는 방법으로 풀게 했다. 그리고 일주일 뒤에 같은 문제를 다시 풀게 했다. 모르는 문제의 답을 곧장 확인하고 외우는 방법으로 공부했던 단원은, 첫 번째 시도에서 25문제 중 15개를 맞추었고 두 번째 시도에서는 20개를 맞추었다. 5문제는 여전히 못 맞추었다. 내가 권한 방법으로 공부했던 단원은 첫 번째 시도에서 25문제 중 13개를 맞추었고, 두 번째 시도에서는 23개를 맞추었다. 두 번째 시도에서 단 2개를 틀린 것이다. 답을 몰라도 정답을 들춰보지 않고, 오래 궁리를 한 공부법의 효과가 드러났다.

다행히 내 예상대로 나온 결과에, 재원이도 놀라면서 공부 방법을 바꾸는 데 동의했다. 한 아이를 대상으로 했고 정교한 실험 설계도 없이 한 시도여서 일반화하기는 어렵지만, 실험 덕분에 재원이는 새로운 공부법을 기꺼이 받아들이게 되었다. 목표는 달성된 셈이다. 답지를 지름길로 여기는 학생들도 자신에게 적용해보고 결과를 따져봤으면 한다.

문제집을 풀면서 답지를 아예 옆에 펼쳐 놓고 보는 것은 문제에 제대로 몰입하지 않겠다는 태도로 보인다. 답지를 멀찌감치 치워 놓고 문제와 독대해야 몰입할 수 있다. 배수의 진을 치듯 어디에도 도움을 청할 곳이 없어야 비로소 뇌를 적극 가동하게 된다. 그렇게 푼 문제는 맞힌 경우도 틀린 경우도 오래오래 기억에 남게 된다. 문제를 읽고 골똘히 생각하고, 알고 있는 지식을 모두 동원해서 답을 찾으려 애써보고 실패하고 다른 각도로 문제를 해석해 보고 이러면서 보내는 시간은 끝내 답을 맞히지 못해도 학습적으로 의미 있다.

그간 먹어봤던 여러 음식 중에서 가장 선명하게 떠오르는 것은 아이들이 어렸을 때 먹었던 배추전이다. 강원도 동강에서 생전 처음 래프팅을 해본 날이었다. 거친 물살에 흔들리고 물에 빠졌다 나오기를 몇 차례, 기진맥진한 상태에서 먹은 첫 끼니였는데 간장에 찍어 먹은 배추전이 그렇게 달 수가 없었다. 공부도 그런 것이라고 생각한다. 배고팠을 때 먹는 음식의 맛이 오래 기억되듯이 무척 궁금했다가 알게 되는 지식은 오래도록 기억에 남는다.

채점 안 하기

이번에는 반대의 경우다. 문제를 다 풀고 나서 정답을 확인하지 않는 아이들이 의외로 많다.

"주말에 수학 문제집을 다 풀었어요."

정한이 표정이 오랜만에 밝다. 열심히 공부한 게 스스로도 뿌듯한 모양이다.

"정말? 시험도 끝났고 날씨도 좋아서 놀고 싶었을 텐데 밀린 공부를 하려고 꾹 참았구나!"

"네!"

"이제 연립부등식은 모르는 게 없겠네. 어디, 문제 푼 것 좀 보자."

그런데 문제집을 펼쳐본 나는 흠칫했다. 채점이 안 되어 있었다. 정확히 말하면 풀어본 문제들이 맞았는지 틀렸는지 확인하지 않은 상태였다.

"채점을 안 했네?"

"아, 네, 아직…."

"그러면 정한아, 네가 맞게 풀었는지 틀리게 풀었는지 알 수 없잖아. 왜 채점을 안 했어?"

"시간이 없었어요."

문제집만 후다닥 많이 풀 욕심에, 잘 풀었는지 정답을 확인하고 틀린 것을 고쳐 푸는 피드백 과정을 건너뛴 것이다. 혹시 문제가 너무 쉽게 풀려서 굳이 정답을 확인할 필요가 없었느냐고 물으니 그건 아니라고 했다. 내가 생각해도 정한이 실력이 그 정도는 아니었다. 문제집을 많이 풀었다는 것만으로는 '공부를 많이 했구나' '열심히 했구나' '잘했구나'라고 말해줄 수 없었다. 정한이가 연립부등식을 잘 이해했는지는 정답을 확인하지 않은 문제집으로는 판단을 내릴 수 없었다.

"문제풀이는 네가 알고 있는 것을 정리하고 확인하는 과정이야.

그러니 풀고 나서 반드시 정답을 맞혀봐야 해. 만약 다 틀리게 풀었으면 어떡할래? 잘하고 있는지 확신이 안 서면 중간 중간 채점을 하면서 푸는 것도 좋아. 잘못된 방식으로 계속 풀지 않기 위해서 말이야. 지금 상태로는 네가 연립부등식을 얼마나 잘 이해했는지 모르겠는데, 네 생각은 어때? 다 아는 것 같아?"

"집에 가서 채점해볼게요."

모처럼 마음을 잡고 실행했던 정한이의 주말 공부는 학습동기를 높이는 상담으로 이어지지 못하고 일단락되었다. 정답을 맞혀본 뒤 다시 이야기를 나누기로 했다.

학습동기가 있고 공부를 시작할 때마다 목표를 세우고 공부하는 아이들은 굳이 정답지를 어떻게 활용하라고 말해주지 않아도 알아서들 잘한다. 그런데 '문제집 풀기'를 과제로만 인식하는 아이들은 어떻게든 빨리 풀어 치울 생각으로 답을 보고 풀거나, 답을 외우거나, 다 풀고 나서도 아예 정답 확인을 안 하는 어이없는 행동을 한다. 한 단원 분량의 과학 문제집을 풀고 채점을 하지 않은 채 중간고사를 치기도 한다. 배워서 알고 싶다는 동기도, 잘해서 좋은 점수를 받고 싶다는 동기도 없는 아이들이 이렇게 문제집을 푼다. 고민하면서 문제를 풀고 적절한 시점에 한 번씩 정답 체크를 해서 제대로 풀고 있는지 확인한다면 문제집 풀기는 '자기 테스트용'으로 아주 훌륭한 공부 방법이 될 텐데 그 간단한 것을 안 한다.

남의 풀이에 의존하기

학원에 가면 강사가 '지나치게' 친절하게 떠먹여주는 방식으로 공부를 하게 된다. 많은 이들이 사교육을 바라보는 시선이 곱지 않은 데는 다양한 이유가 있겠지만, 나는 사교육이 아이들의 바람직한 학습 습관이나, 학습동기를 해칠까봐 걱정이 된다. 학교 수업이 끝나서 집에 돌아온 아이들은 부족한 부분을 찾아서 스스로 공부해야 할 시간에 또 다른 선생님을 찾아 이리저리 헤매고 다닌다.

내가 우려하는 사교육의 면면은 이런 것들이다. 앞질러 배우는 선행학습을 무리하게 진행하거나, 공부의 질보다는 과제의 양으로 아이와 부모님을 안심시키려 하는 것, 공부를 많이 하면 뭐라도 된다는 생각으로 밤늦은 시간까지 붙잡아 두고 반복학습을 시키는 것, 시험 준비를 위해서 예상 문제를 50배수, 100배수로 만들어서 풀게 하는 것. 모두 교육의 본질에서 벗어난다.

과도한 선행학습이 자신감을 떨어뜨린다

아직 준비되지 않은 아이에게 무리하게 선행학습을 시키면 아이는 위축되고 자신감이 떨어져서 결국 공부를 싫어하게 된다. 아이들의 인지 능력은 나이가 듦에 따라 순차적으로 발달하는데 이를 무시하고 무리하게 어려운 과정을 배우게 하면, 아이는 머리가 나빠서 이해하지 못한다고 생각하게 된다. 이런 생각은 자신감을 잃게 하고, 심하면 공부에 대한 공포심을 갖게 할 수도 있기 때문에 무리한 선행학습을 반대하는 것이다. 똑똑한 자식을 키우고 싶은 부모의 욕심 때문에 적기교육을 받지 못하고 무리한 선행학습에 시달리다가 오히려 사고력 발달에 문제가 생기는 경우도 더러 있다.

란이는 초등학교 5학년 때 만난 아이로, 처음 만났을 때는 학원에서 배우던 교재라며 두꺼운 영어 책 여러 권을 짊어지고 왔다. 나는 우주과학, 생명공학, 정신분석학 등의 주제로 쓰인 영어 읽기 교재를 펼쳐 보다가, "여기에 나오는 내용을 이해할 수 있어?"라고 물었다. 란이는 신경질적인 표정으로 고개를 절레절레 흔들었다. 매일 백 개씩 외워서 시험을 본다는 단어장에는 나도 모르는 단어들이 빼곡했다. 란이는 3학년 때부터 영어학원을 다녔다고 하니 그 동안 혼자 얼마나 애를 먹었을까 싶어 마음이 짠했다.

란이의 경우가 전형적인 무리한 선행학습 사례이다. 한국어 번역본으로 읽어도 이해하지 못할 내용을 영어로 읽고 문제를 풀어야 했으니, 학습 효과는커녕 오히려 흥미를 잃게 되는 정서적인 손해만 보았을 것이다. 수준에 안 맞는 버거운 공부를 강요받게 되면 정서 뇌에 '영어는 싫다'는 느낌이 저장되어서 나중에 학원을 그만두고 정상적인 방법으로 공부를 하려고 해도 좀처럼 학습 효율이 오르지 않는 문제가 생긴다.

과도한 선행학습을 진행하는 대표적인 사교육 기관으로 수학학원을 빼놓을 수 없다. 윤수가 다닌 학원에서는 중간고사 대비로 수학 문제 5백 개를 프린트해서 나누어줬다. 윤수는 주말 내내 수학 문제를 풀어야 해서 다른 공부를 할 시간이 없었다. 아들이 아침부터 저녁까지 수학 문제를 풀고 있으니 윤수의 부모님은 흐뭇하셨을 것이다.

"윤수야, 그 문제를 다 풀고 중간고사를 봐서 몇 점을 받았어?"

"80점이요."

"그렇게 많은 문제를 풀어봤는데, 왜 더 높은 점수를 받지 못했을까?"

"안 풀어본 문제가 나왔으니까요."

윤수는 5백 개의 그물코를 만들어서 바다에 던지고 중간고사 문제를 건져 올리는 작업을 했던 것이다. 그런데 이런 방식은 '그물에 걸리지 않은 문제는 못 푼다'는 게 전제된 공부법이다. 그야말로 유형 외우기식 수학 공부였다. 단언컨대 그렇게 하는 것은 수학 공부가 아니다. 문제풀기 노동에 가깝다. 이렇게 하면 수학의 재미를 느낄 겨를이 없다. 뭔가 많이 하는 것 같고, 시간도 노력도 많이 들였는데 결과가 신통치 않으니 공부가 어렵게만 느껴진다. 그래서 수학은 언제나 두렵고 재미없으며 부담스러운 과목으로 남는다.

집에서 복습하면서 부족한 부분을 채울 시간에 아이들은 학원에 가서 늦은 밤까지 영어와 수학 공부를 한다. '학교 살이'와 '학원 살이'에 지친 아이들은 언제나 피곤하다. 과중한 부담을 주는 사교육은 아이들을 공부의 본질로부터 멀어지게 한다. 이런 방식으로 공부한 아이는 공부란 그저 점수를 얻기 위한 것이며 어떤 재미도 유익함도 없다고 믿게 된다.

잘한다고 착각하게 만드는 수학학원

대개 학원의 숙제는 버거울 만큼 많다. 아이들의 자발적인 학습 의지를 믿지 못하는 어른들은 이렇게라도 해야 아이들이 공부를 한다고 믿는다. 언젠가부터 아이들도 그런 환경에 잘 적응해서 당연하게 받아들이고 따른다. 수학학원에 다니는 아이들은 놀라울 만큼 빠른 속도로 문제를 푼다. 연습이 되어 있는 유형의 문제가 주어진 경우에 한해서 말이다. 그런가 하면 새로운 유형이라든지 연습을 많이 하지 않은 문제가 나오면 풀고자 하는 의지를 보이지 않았다.

"못 풀겠어요. 한 번도 안 풀어본 문제예요."

그런데도 아이들의 수학학원 문제집을 펼쳐보면 빨간 동그라미가 많다. "잘하는구나. 거의 다 맞혔네." 누가 봐도 수학을 잘하는 아이처럼 보인다. 그런데 왜 학교 시험에서는 그 점수가 안 나오는 걸까? "학원에서 시험을 보면 한두 개 밖에 안 틀리는데 학교 시험만 보면 점수가 형편없어요." 어머니들의 하소연을 처음 들었을 때는 이해할 수 없었다. 그런데 이제는 알 것 같다. 문제집에 나오는 모든 유형의 문제를 반복적으로 연습하고 그 문제들로 시험을 보니 학원 시험에서는 좋은 점수를 받지만, 새로운 유형의 문제가 나오는 학교 시험에서는 그만한 점수를 받지 못한다.

학원 공부의 또 다른 문제는 선생님에 대한 지나친 의존이다. 숙제를 하다가 모르는 문제가 나오면, 아이들은 어떻게든 문제를 풀어보려고 애쓰지 않고 간단히 표시를 해 놓고 넘어간다. 학원에 가서 선생님께 물어보면 해결될 테니 시간과 노력을 들일 필요가 없다고 생각한다. 그런데 고민 없이 누군가에게 물어서 해결하면 자기 것으로 만들지 못한다. 선생님의 설명을 듣고 이해가 되었다는 문제를 다시 풀어보라고 하면 못 푸는 경우가 많다. "알았는데 뭐였더라? 기억이 안 나네요." 수학 지식과 사고력을 동원해서 문제를 풀지 않고, 선생님이 알려준 방법을 '기억해내려고' 하기 때문에 실패한다. 사고력을 발달시키지 않고 수많은 문제들의 풀이를 일일이 외워서 푸는 건 뇌에 도움이 되지 않고 또 가능하지도 않다.

부모님들은 아이들 문제집에 빨간 동그라미가 많은 것을 보면 안심하게 된다. 어려운 문제에는 꼼꼼하게 풀이 과정이 적혀 있으니 학원에서 수업을 잘 듣고 있겠거니 이래저래 마음이 놓인다고 한다. 그래서 매번 '이번 시험은 잘 보겠지' 하는 기대를 갖지만 결과는 만족스럽지 못하다. 아이들이 문제해결력을 기르는 방식으로 수학 공부를 하지 않고, 많이 풀어서 풀이 방법을 외우는 식으로 하고 있기 때문이다. 반복해서 비슷한 문제를 풀면 정답을 잘 맞히니까 아이도 부모님도 안심한다. 잘하고 있다는 착각에 빠진다. 그런데 학교 시험은 그렇게 안이한 방법으로 공부해서는 맞히기 어려운 문제들이 나오기 때문에 실망스러운 점수를 만나게 된다.

고민맘

우리 아이가 다니는 학원은 관리를 철저히 해줘요.

뇌의 힘

어떻게 관리를 하나요?

고민맘

중간고사를 앞두고 있으면, 2주 전부터 주말마다 보충학습을 해줘요. 특히 수학을 철저하게 해서 안심이 돼요.

뇌의 힘

성적이 잘 나오나요?

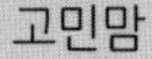

고민맘

아직 학원에 다닌 지 얼마 안 돼서 그렇지 1년쯤 되면 그간 공부한 보람이 있겠지요.

뇌의 힘

아마 아이도 그렇게 생각할 거예요. 학원 다니고 시간을 많이 보내니까 어떻게든 되겠거니. 아이들도 공부를 해야 한다는 압박감이 있는데, 학원에 가면 일단은 그 부담이 사라지는 거죠. 그렇다고 공부가 될까요?

[정답과 해설]

나는 공부 방법을 얼마나 잘 알고 있을까?

1. 책을 읽을 때는 연거푸 세 번 이상 읽어야 기억에 오래 남는다. (X)
   연이어 반복하는 것은 장기기억으로 이행할 시간을 주지 않아서 바로 잊어버리게 된다.

2. 수업 끝난 직후, 쉬는 시간에 복습하는 게 가장 효과적이다. (X)
   배우고 나서 일부러 시간 간격을 둔 뒤, 다시 기억을 되살리는 편이 효과적이다.

3. 집에 와서 복습을 하면 공부한 내용을 잊어버리기 쉽다. (X)
   그날 배운 것을 잊어버릴 때쯤, 그러니까 집에 왔을 때 회상하는 방법으로 공부하면 기억에 오래 남는다.

4. 단순 외우기인 영어 단어시험의 경우, 전날에 외우는 게 효과적이다. (X)
   영어 단어시험 준비를 포함해서 모든 시험 준비는 매일 조금씩 해야 기억이 오래 간다.

5. 문제집은 저장된 기억을 인출하므로, 시험 준비에 가장 효과적이다. (X)
   문제풀이는 공부한 내용을 확인하는 데 좋은 수단은 될 수 있지만, 시험 준비를 위해서는 먼저 개념 설명이 잘 나와 있는 교과서를 보는 게 좋다.

6. '보기'가 '듣기'보다 더 잘되는 사람은 시각 자료로 공부하는 게 효과적이다. (X)
   사람마다 취향은 있겠지만 학습유형은 배움의 성과에 큰 영향을 미치지 않는다.

7. 교과서는 다소 산만한 구성이지만 요약 정리본보다 이해를 돕는다. (O)

교과서는 개념 풀이 외에도 다양한 사례를 싣고 있는데, 우리 뇌의 다양한 영역을 자극해서 학습 효과를 높인다.

8. 영어 해석을 미리 읽고 영어 지문을 읽으면 독해 실력이 빨리 향상된다. (X)

해석을 읽고 원문을 보면, 문장구조를 따지면서 해석하지 않고 얼렁뚱땅 의미를 꿰맞추게 되어 독해 실력이 늘지 않는다.

9. 채점 안 하기는 공부에 열의가 없는 아이들의 대표적인 습관이다. (O)

공부를 잘하는 아이들, 성취하려는 아이들은 누가 시키지 않아도 채점을 한다.

10. 대다수 수학학원은 공부의 양보다는 질을 높이는 데 중점을 둔다. (X)

선행을 많이 시키는 수학학원은 아이들에게 과도한 숙제를 내고 많은 시간을 붙잡아 놓는다.

11. 공부할 때 음악을 들으면 집중력이 떨어진다. (O)

집중해서 읽어야 뇌를 자극한다. 따라서 음악을 들으면서 공부를 하게 되면 주의가 분산되어 두 가지 모두에 집중하기 어렵다.

3장

뇌가 좋아하는 공부법

우리는 읽고 쓰고 외우고 문제를 풀면서 공부한다. 공부하는 방법이 겉으로 보기에는 모두 비슷해 보이지만, 정보를 처리하는 방식이 사람마다 조금씩 다르다. 이런 차이가 학습의 효율성을 좌우한다. 어떻게 읽고, 어떻게 쓰고, 언제 어떻게 외워야 가장 머릿속에 잘 들어오고 또 오래 기억할까? 이 질문들은 뇌과학자들이 오랫동안 탐구해온 주제다.

학습은 뇌에서 이루어지는 정보처리, 저장, 인출(꺼내쓰기) 과정을 모두 아우르는 말이다. 그러니 뇌의 특성을 알고 뇌가 좋아하는 공부 방법을 찾아서 실천하면, 같은 시간을 쓰고도 더 많은 성과를 낼 수 있다고 뇌과학자들은 말한다. 수년간 아이들의 학습 문제를 상담하면서 나도 이 문제에 대한 통찰을 얻게 되었다. 아이들을 만나 고민하고 시행착오를 겪으면서 뇌가 좋아하는 공부 방법을 이것저것 찾아냈고, 그 방법을 적용해서 효과를 거두어왔다. 오랜 시간 책상에 앉아 열심히 공부하는데도 좋은 점수를 받지 못했다면, 지금부터 뇌가 좋아하는 공부 방법에 어떤 것들이 있는지 귀를 기울여보자.

안 보고 떠올리기

보지 않고 기억하기란, 외부 단서 없이 외운 것을 생각해내는 것이다. 한 번 외운 내용을 오랜 시간이 지난 후에도 잘 기억해낸다면 공부의 절반은 성공한 셈 아닌가. 지금부터 이 방법을 잘 배워 놓으면 큰 도움이 될 것이다.

어떻게 하면 잘 기억할 수 있을까? 인지심리학자들이 권하는 가장 효과적인 암기 전략은 '안 보고 떠올리기'이다. 외워야 할 내용을 정독한 뒤에 책을 덮고 읽은 내용을 떠올려보면 기억이 오래간다. 원자와 분자에 대한 설명을 과학 책에서 읽었다면 책을 덮고 아래처럼 자신의 말로 회상해보라고 권한다.

"음…. 원자는 더 쪼갤 수 없는 물질의 가장 작은 단위이고, 분자는 원자가 모여 만들어진 건데 여기서부터 물질의 성질을 갖는다."

이렇게 혼잣말로 내용을 중얼거려본 뒤 맞게 말했는지 곧바로 책을 펼쳐서 확인하는 방법으로 공부하면, 뇌가 계속해서 긴장감을 유지한다. 뇌 기능의 효율을 최대로 높이면서 공부하는 것이다.

제목 보고 내용 기억하기

'보고 읽기'와 '보지 않고 기억하기'는 뇌가 느끼는 노동 강도에서 커다란 차이가 있다. 보면서 읽을 때 뇌는 편안하다. 그러나 보지 않고 회상해야 할 때 뇌는 엄청난 스트레스를 받는다. 교과서를 보면서 공부할 때와 시험 시간에 답을 써야하는 상황을 비교해보면 금세 이해가 간다. 공부할 때도 시험볼 때처럼 뇌를 쥐어짜면, 훨씬 좋은 효과를 얻는다고 뇌과학자들과 인지심리학자들은 강조한다. 어렵게 배워야 잘 배운다는 것이다.

'제목 보고 내용 기억하기'는 복습할 때나 시험공부를 할 때 활용하면 좋다. 말 그대로, 제목을 보고 책의 내용을 기억해내는 공부법이다. 제목을 단서로 머릿속에 저장된 정보를 꺼내는 이 방법 역시 기억을 오래 유지하기 위한 공부법 중 하나다. 주로 사회나 역사 과목처럼 외울 게 많고 단원명에 내용이 함축되어 있는 과목을 공부할 때 이 방법을 사용하면 좋다.

제목만으로 내용을 떠올리는 것은 스트레스가 큰 공부법이다. 학습동기가 강하지 않은 아이들은 이런 공부법을 피하려고 한다. 잘하고자 하는 의지가 약한 아이들이 선택하는 공부 방법은 교과서를 그냥 죽 읽는 것이다. 공부를 안 하기는 그렇고 머리 쓰는 건 귀찮은 아이들은 이렇다 할 전략 없이 교과서를 읽는다. 두세 번 반복해서 읽다 보면 사이사이 눈이 딴 곳으로 돌아가기도 한다.

처음 읽었을 때 무슨 내용인지 대충 이해가 가면 반복해서 읽을 때는 아무래도 건성으로 읽게 된다. 아직 외우지는 못하지만 그래도 이해를 했으니 아이들은 이 상태로 시험 준비가 끝났다고 생각한다. 그런데 막상 시험지를 받아들면 어디서 본 것 같기는 한데, 정확히 묻는 말에 답을 할 수 없는 혼란스러운 상태가 된다. 읽기 위주로 공부한 아이들은 "열심히 공부했는데 시험볼 때 헛갈렸어요"라는 말을 자주 한다. 따뜻한 목욕물에 몸을 담그듯 안이하게 공부하는 동안, 뇌는 적극적으로 정보를 기억하려고 애쓰지 않는다. 그래서 제목만 보고 내용을 기억해보는, 일부러 뇌에 스트레스를 줘서 풀가동하는 전략이 필요하다.

방법은 다음과 같다. 내용을 읽기 전에 먼저 제목을 읽어보고 어떤 내용의 글인지 예측해본다. 예측하는 시간은 잠깐이면 된다. 그러고 나서 글을 읽는다. 읽으면서 예측했던 것과 책 내용이 얼마나 일치하는지 평가해본다. 예측한 내용과 일치도가 높으면 '역시 내가 생각한 게 맞구나' 하는 기쁜 마음으로 읽고, 예측한 것과 전혀 다른 내용이면 '이런 내용이었구나. 나는 상상도 못 했는데' 하는 마음으로 신기해 하면서 읽는다. 예측한 내용과 확인된 내용을 비교하면서 즐거움, 아쉬움, 놀라움 등의 정서를 적극적으로 경험하는 게 좋다. 학습에 감정을 엮으면 더 오래 기억한다는 것은 널리 알려진 사실이다. 이런 방식으로 한 번 읽고 나서 다시 제목을 보고 방금 읽은 내용을 기억해본다. 그냥 죽 읽은 것보다 기억이 훨씬 잘될 것이다.

"역사 책을 세 번이나 읽었는데도 문제를 풀 때는 눈앞이 캄캄했어요." 풀이 죽어서 말하는 찬수에게 공부하는 방법을 바꿔보자고 제안했다. 다음 시험 범위에 해당하는 곳을 펼치니 '탕평책의 등장 배경'이라는 소제목으로 글이 전개되었다. 내용을 읽어나가기 전에 먼저 소제목을 보고 머릿속에 떠오르는 것을 말해보라고 했다.

"음…. 탕평책이 뭐더라? 그거 정조가 했던 정책 같은데, 가난한 사람들한테 토지를 나누어주고 그런 거 아닌가요?"

찬수는 제목만 보고 이런 것들을 떠올렸다. 읽기 전에 예상하기 어려우면 이 정도만 해도 괜찮다. 아는 것들을 떠올려본 뒤, 찬수는 책을 읽기 시작했다. 읽으면서 중간 중간 잠시 멈추면서,

"아, 맞다, 이거였지, 붕당정치."

이런 말들을 작은 소리로 중얼거렸다. 다 읽고 나서 찬수는 처음에 예상한 것과 일치한 내용, 일치하지 않은 내용, 새롭게 발견한

내용을 섞어서 아래처럼 말했다.

"그러니까 영조 때 처음 시행되었고 토지를 나누어주는 것과는 상관없어요. 붕당정치가 변질되면서 정치 집단 간의 세력 균형이 무너지고 왕권이 불안하게 되자, 붕당정치의 뿌리를 뽑고 왕권을 강화해 국가의 기강을 바로잡고자 실시한 정책이 탕평책이에요."

예상한 내용과 확인한 내용을 비교하면서 설명할 때, 찬수의 뇌에는 탕평책이 어떤 필요에 의해서 시행되었는지(가난한 백성을 위한 토지 제도가 아니라 붕당정치를 막기 위해 시행됨), 어느 임금이 처음으로 만들었는지(정조가 아니라 영조 때 처음 만듦) 등의 내용이 정확하게 기록되었을 것이다. '정조가 아니라 영조'라는 신호를 뇌에 보내서 교정을 함과 동시에 한 번 틀렸다는 경고 딱지를 붙여서 다시는 잊지 않도록 특별 관리를 하게 될 것이다.

예상해본 뒤 책을 읽으면 궁금증이 증폭된 상태로 정보와 만나게 되므로 그냥 읽을 때보다 집중력이 높아진다. 알고 있는 개념과 새로운 개념들을 적극적으로 연결 짓고 비교하면서 공부하기 때문에 시냅스 연결패턴이 한층 강화된다. 결과적으로 기억 흔적은 더 공고해진다. 새로운 개념을 기존지식 체계에 잡아매려면 둘 간의 연결에 집중하면서 반복해야 한다. 찬수가 한 것처럼 교과서를 읽고 책을 덮은 후 제목만 보고 내용을 떠올려 보는 것, 이런 인지훈련이 시냅스의 양과 질을 높여 공부를 잘할 수 있게 한다.

배운 것을 설명해보기

오래 기억하기 위한 방법 중에 공부한 내용을 다른 사람에게 설명하기가 있다. 이해한 내용을 옆에 있는 친구에게 설명하는 방법으로 더할 나위 없이 좋은 공부법이다.

공부를 잘하는 도영이는 엄마의 도움을 많이 받고 있었다. 학교에서 돌아오면 먼저 복습을 하는데, 복습이 끝나면 저녁 식사를 준비하는 엄마를 호출한다. 엄마는 앞치마를 두른 채 도영이 방에 들어와 의자에 앉아 있기만 하면 된다. 도영이가 공부한 내용을 칠판에 쓰면서 설명하는 동안, 엄마는 귀 기울여 들었다. 엄마께 설명을 하면서 도영이는 '보지 않고 기억하기' 방법을 실천하는 중이다. 앉아서 들어주는 것만으로 엄마는 도영이의 공부를 돕고 있었다. 그런데 모든 엄마가 이렇게 시간을 내줄 수 있는 것은 아니다. 엄마를 대신해서 설명을 경청해줄 누군가를 찾아야 한다. 캐릭터 필통, 인형이 달린 볼펜, 큼직한 지우개 등 손에 들고 말 걸기 좋은 것이면 무엇이든 괜찮다.

"자, 내가 탕평책에 대해서 설명할 테니 들어봐."

시작은 이렇게 하면 된다. 앞서 소개한 '제목만 보고 기억하기'를 발전시킨 공부법인데 혼자서 중얼거리면서 기억을 되살리는 것에서 한걸음 더 나아가 상대방이 이해할 수 있는 문장으로 설명하면서 외운 것을 인출하는 방법이다. 공부할 때 친구나 엄마가 항상 옆에 있어줄 수는 없기 때문에 볼펜을 집어 들고 마치 친구에게 하듯 설명을 하면 똑같은 효과를 얻을 수 있다.

처음 만났을 때 하림이는 좋고 싫은게 분명하고 고집이 센 여학생이었다. 위의 '설명하기' 공부법을 가르쳐주었을 때 하림이는 어색해하면서 하지 않겠다고 했다. 그런데 사회 과목 점수가 계속 나쁘게 나오자 볼펜을 들고 어떻게 하는지 시범을 보여달라고 했다. 기다리다 보면 이런 날도 온다. 스스로 요청할 때 가르치면 효과 만점이다. 나는 하림이에게 최근에 배운 단원 중에서 이해가 안 가는 곳이 어딘지 책을 펼쳐보라고 했다. 그런 다음 그 부분을 한 번 읽고 나를 보며 설명을 해보라고 했다. 하림이는 '산업혁명과 자본주의 발달'이라는 소단원을 선택했다. 다음은 하림이가 책을 읽고 나서 설명한 내용이다.

"산업혁명은 방직기 같은 기계를 발명하게 돼서 예전보다 물건을 더 많이 손쉽게 생산할 수 있게 되어 일어난 일이에요. 음, 물건을 많이 생산하게 되니까 그 자본가가 돈을 더 많이 벌게 되고, 그 돈이 모아져서 점점 부자가 되고, 그렇게 되니까…….”

이때 뇌는 내용을 기억하는 건 물론이고 전체적인 흐름과 인과 관계 등을 정확하게 이해하고 있어야 한다. 누군가를 이해시키기 위해서는 자신이 완벽하게 내용을 파악하고 있어야 하기 때문이다. 내용을 다 아는 것 같지만 누군가에게 설명하다 보면 군데군데 허점이 발견되는 경우가 많다. 중요한 개념이 잘 기억나지 않거나 논리적으로 매끄럽게 설명하지 못하면, 잠시 멈추고 다시 책을 보면 된다. 자기가 모르는 부분을 정확하게 알 수 있기 때문에 그 부분을 찾아서 공부할 수 있다. 이렇게 해서 이해가 되면 설명을 다시 시작한다. 볼펜을 잡고 설명하는 방법에는 두 가지 좋은 점이 있다. 볼펜은 언제나 불평불만 없이 시간을 내준다는 것과 볼펜 앞에서는 쑥스러워서 머뭇거릴 이유가 없다는 것.

이런 방식의 공부는 보지 않고 기억하기 방법 중에서 가장 적극적인 학습법이다. 내용을 보지 않고 기억에 의지해서 인출해내는 것은 물론이고 설명하는 소리를 자신도 듣기 때문에 청각 통로를 통해서 뇌에 한 번 더 정보를 입력하는 효과까지 얻을 수 있다.

공부 직후 테스트와 한참 후의 복습

이번 공부법은 안 보고 기억하기 원리와도 일맥상통한다. 결과를 좋게 만드는 시험보기 공부법과 복습 방법을 알아보자. 시험보기 공부법은 한마디로 요약하면, 학습이 끝난 뒤 바로 시험을 봐서 기억을 오래 유지하는 방법이다. 복습은 좀 다르다. 학교 수업을 마치고 집에 돌아와서 했을 때, 즉 시간이 좀 지나서 기억이 가물가물해졌을 때 해야 효과가 좋다.

1939년 미국에서 효과적인 학습법을 찾는 인지실험이 실행되었다. 3천 명이 넘는 초등학교 6학년 아이들이 실험에 참가했다. 참가자들은 6백 단어로 쓰인 지문을 공부한 다음, 일정한 간격으로 계속 시험을 봤으며 두 달 뒤 최종 시험을 보았다. 연구 결과, 재미있는 현상이 발견되었다. 공부를 한 뒤 시험을 보지 않고 시간을 흘려보내면 계속해서 망각이 일어났지만, 일단 시험을 한 번 보고 나면 그 이후에는 망각이 잘 일어나지 않았다. 공부한 당일에 첫 번째 시험을 본 그룹과 1주일 뒤에 첫 시험을 본 그룹 간에, 두 달 뒤에 치른 최종 시험에서 큰 차이가 발견되었다. 첫 시험을 당일에 치른 그룹의 점수가 훨씬 좋았다. 이 결과가 의미하는 바는 분명하다. 공부한 직후에 치르는 시험은 기억을 붙들어 매는 역할을 한다.

이 실험 결과는 그동안 시험에 대해 부정적인 생각을 가져온 사람들에게 시험이 암기에 얼마나 효과적인지 일깨워준다. 시험을 적절히 활용하면 짧은 시간 내에 많은 내용을 효과적으로 공부하는 데 큰 도움을 받는다. 시험은 모르는 것을 발견해서 공부할 수 있게 해주는 것 외에도 기억을 오래 잡아두는 역할을 한다.

말해보기도 시험이다

엄숙한 시험장에서 치르는 시험 말고도 방금 읽은 책을 덮고서 책 내용을 기억해서 말해보는 것도 일종의 시험이다. 셀프 테스트! 공부할 때 이 방법을 쓰면 시간을 많이 절약할 수 있다. 나는 종종 아이들에게 교과서의 특정 부분을 읽게 한 다음, 책을 덮고 방금 읽은 내용을 말해보라고 주문한다. 아래는 중1인 주영이가 읽어본 사회 교과서 내용의 일부다.

> 우리의 삶은 선택의 연속이다. 우리는 매일 점심으로 무엇을 먹을 것인지를 선택하는 것에서부터 옷은 어떤 디자인의 어떤 색으로 살 것인지, 어떤 대학에 진학할 것이며, 어떤 직업과 배우자를 선택할 것인지에 이르기까지 거의 모든 것을 고민하여 선택해야만 한다. 그러면 이런 선택을 해야만 하는 이유는 무엇일까? 이는 자원이 우리 인간들의 무한한 욕망을 다 채워주기에는 너무나 부족하기 때문이다. 이것을 자원의 희소성이라고 하는데, 이러한 상황에서 어떤 경제적 행위 하나를 선택하면 반드시 그로 인해 포기할 수밖에 없는 또 다른 경제 행위가 존재하게 된다.

주영이가 읽기를 마치자마자 나는 다음과 같이 요청했다.

"자, 책을 덮고 방금 읽은 내용을 요약해서 말해보자."

갑작스러운 질문에 당황했는지 주영이는 말문을 열지 못했다. 그럴 때는 힌트가 될 만한 질문을 던져주면 도움이 된다.

"자원의 희소성이 뭐지? 그리고 자원의 희소성 때문에 우리는 살면서 어떻게 하지?"

"아, 그거. 자원이 무한정 많은 것이 아니라는 게 희소성이에요. 그래서 우리는 밥은 뭘 먹을지, 무슨 옷을 입을지, 어느 대학에 갈지 이런 것들을 정해야 해요. 모든 걸 다 할 수는 없으니까. 그게 자원의 희소성 때문에 일어나는 일이에요. 그리고 또, 인간의 욕망은 무한한데 자원은 일정량 밖에 없어서 우리가 그중 하나를 선택하는데 이런 걸 경제행위라고 해요."

이 정도의 대답이 나오면 합격이다. 이런 간단한 테스트 역시 시험의 한 종류다. 거창하게 말하면 구술시험이다.

공부한 내용을 묻는 시험은 얼마든지 다양한 모습을 띨 수 있다. 혼자서 혹은 친구의 도움을 받아서, 학교 시험이 아니어도 공부를 하는 과정에서 시험의 형식을 빌려 스스로 점검하면서 공부하면 기억이 오래 간다. 부모님과 자녀의 관계가 좋은 집에서는 아이들이 이런 테스트를 별다른 저항 없이 도움으로 받아들인다. 부모와 자녀 간에 소통이 잘되면 이렇게 공부에도 도움이 된다.

'매일 시험'의 힘

내가 중학생 때 일이다. 수업이 모두 끝났지만 우리 반 분위기는 초긴장 상태로 들어갔다. 다른 반은 의자를 올리고 책상을 밀고 청소하느라 분주했지만, 우리는 제자리에 얌전히 앉아 시험 칠 준비를 했다. 얼마 안 있어 담임선생님이 들어오셔서 칠판에 시험 문제를 적으셨다. 우리는 각자 노트에 답을 써서 제출해야 집에 갈 수 있었다. 매일 방과 후에 치르는 시험은 우리 반만의 특별한 일과였다. 그날 배운 교과목 중에 두세 과목을 골라서 선생님은 하루도 빼놓지 않고 시험을 치르게 했다. 이 시험은 1학기 중간고사를 본 직후부터 시작되었다. 우리 반이 중간고사에서 꼴찌를 해서 담임선생님께서 특단의 조치를 했던 것으로 짐작된다. 그 시절에는 학교가 끝나면 집에 돌아와 숙제만 해놓고는 신나게 놀았다. 그래서 마지막 수업이 끝나면 해방감에 들뜨곤 했는데, 느닷없이 '매일고사'가 나타나 우리를 덮친 것이다.

시험 시간은 40분이었고 그 탓에 청소는 다음날 아침으로 미루어졌다. 옆 반은 우리가 시험을 보는 시간에 청소를 했고, 우리가 청소를 하는 다음날 아침에는 아침자습을 했다. 각자 필요한 과목을 조용히 앉아서 공부하는 아침자습이 그 당시 유행이었다. 1교시가 시작되기 전에 마음을 가라앉히고 하루 공부를 위한 워밍업을 하라는 뜻에서 만든 제도였던 것 같다. 그런데 우리 반은 아침부터 청소를 하느라 어수선하기 짝이 없었다.

처음 며칠은 '매일고사'를 잘 보기 위해 쉬는 시간에 짬짬이 공부하는 아이들도 있었다. 그러나 시간이 지날수록 시험에 대한 긴장이 풀렸고 준비하는 게 귀찮아졌다. 그저 그 시간 동안에만 문제를 열심히 풀자고 마음먹었던 것 같다. 무엇보다도 성적에 반영되지 않는다는 말이 따로 준비하는 열의를 갖지 않게 했다.

그렇게 악몽 같은 두 달 반을 보내고 학기말 시험을 쳤다. 결과는 놀라웠다. 우리 반이 여덟 개 학급 중에서 1등을 한 것이다. 방과 후에 남아서 매일 40분씩 시험을 봤을 뿐인데, 어떻게 이런 극적인 변화가 생겼을까? 다른 반보다 40분 공부를 더 했던 시간의 효과로 볼 수도 없는 게, 다른 반이 아침자습을 하는 동안 우리 반은 청소를 했기 때문이다. 아침자습 시간은 대략 30분 정도였다. 선생님들은 매일 시험을 본 효과가 나타난 것이라고 입을 모으셨고, 그 일을 계기로 몇몇 반에서 '매일고사'를 따라했다. 그 반 친구들은 우리 반이 시험을 잘 봐서 자기들까지 고생하게 되었다면서 원망했다. 그 일로 우리는 무척 억울해했던 기억이 난다. 삼십 년도 더 지난 일인데도 기억에 남은 아주 특별한 사건이다.

이런 것을 인지심리학자들은 '시험 효과'라고 부른다. 시험은 기억하고 있는 것을 인출하도록 강제한다. 알고 있는 것을 생각해내야 답을 쓸 수 있기 때문에, 시험을 치는 동안에는 집중력을 최대로 발휘해서 흐릿한 기억을 회상하려고 애쓴다. 이렇게 해서 한 번이라도 성공적으로 인출해내면 그 내용은 쉽게 잊히지 않는다. 중학교 1학년 때 우리는 매일 방과 후에 남아서 그 인출 연습을 한 것이다. 몇 시간 전에 배운 것을 머릿속에 떠올리고 시험지에 답을 쓰면서 기억에 매듭을 만드는 일이었다.

시험은 언제나 스트레스를 주기 때문에 나 역시 피할 수 있으면 피하고 싶은 게 솔직한 심정이다. 시험이 아무리 효과적인 공부법이라고 해도, 매일 시험을 치는 일을 즐거운 마음으로 받아들이기는 어렵다. 하지만 이것만은 꼭 기억해야 한다. 배운 내용을 한 번 인출할 때마다 기억이 빠져나가지 못하도록 매듭이 하나씩 묶어진다. 형식을 갖추어 엄정하게 치루는 시험이 아니어도 공부를 하면서 스스로 간이 테스트를 자주 하면, 마치 구슬을 실에 꿴 뒤 빠져나오지 못하게 매듭을 묶는 것처럼 머릿속에 들어간 내용을 단단히 붙들 수 있다.

집에 돌아와서 복습하기

복습의 목적은 수업 시간에 배운 내용을 오래 잊지 않고 기억하는 것이다. 따라서 '간격을 두고 공부하기' 방법을 적용하면 복습을 효과적으로 할 수 있다. 간격을 두고 공부하기란 배운 내용을 바로 다시 보는 게 아니라, 어느 정도 시간을 흘려보낸 다음에 다시 공부하는 방법이다. 기억이 흐릿해진 상태에서 공부한 내용을 끄집어내기 위해서 일부러 수업과 복습 사이에 시간 간격을 둔다.

수업을 끝마치고 집에 돌아와 1교시에 배운 내용을 떠올려보면, 되새기는 일이 그리 쉽지 않다는 걸 느끼게 된다. 몇 시간이 흘렀지만 그새 기억이 흐릿하게 지워졌을 수도 있고, 2, 3, 4교시에 배운 다른 수업 내용이 앞에 배운 내용을 기억하기 어렵게 간섭할 수도 있다. 수업에 종례까지 마치고 친구들과 재잘거리면서 걸어오다 보면, 마지막 시간에 배운 내용도 흩어져버린다. 그래서 자연스럽게 내용을 일부 잊어버린 상태에서 복습을 하게 된다. 간격을 두고 연습하기의 전제 조건이 잘 충족된 상태이다.

복습을 위한 첫 번째 준비는 말끔하게 치워진 책상에 앉아 빈 노트를 펴는 것이다. 그리고 1교시에 배운 내용을 기억해서 노트에 적기 시작한다. 먼저 단원명을 기억해내고 공부한 내용 중에서 기억이 나는 것들을 적어나간다. 기억이 잘 나면 많이 적고, 잘 안 나면 안 나는 대로 최선을 다해 기억을 꺼낸다. 이것이 1단계이다. 더 생각나는 것이 없으면 교과서, 노트, 학습지 등을 꺼내 놓고 복습 노트에 적은 내용과 비교해본다. 정확하게 적은 것도 있지만 틀리게 적은 것, 빠뜨리고 적지 않은 것 등이 발견될 것이다.

2단계는 펜 색깔을 바꾸어서 틀렸거나 빠뜨린 내용을 수정하고 보완하는 것이다. 그러고 나서 노트를 덮고 수정 보완한 내용을 다시 회상해본다. 취약한 부분의 기억회로를 튼튼하게 보강하기 위해서다. 복습은 그날 수업에서 배운 전 과목을 대상으로 하는데 한

복습 과정

1단계	빈 노트에 단원명과 배운 내용 적기	10~15분 소요
2단계	교과서 등을 보며 수정·보완하기	10~15분 소요

과목에 20~30분을 넘기지 않는 게 좋다. 내용을 달달 외우는 단계까지 복습을 하려고 욕심을 내서는 안 된다. 복습은 매일매일 해야 하는 공부인데 시험공부처럼 열을 내다보면 며칠 하다가 지치게 된다. 지속적으로 꾸준히 할 수 있도록 학습 강도를 조절하는 게 현명한 전략이다.

1단계는 보통 10~15분 정도 걸린다. "아무것도 생각나지 않아요"라고 말했던 아이도 5분쯤 지나면 뭐라도 드문드문 떠오르는 걸 적기 시작한다. 집중력을 발휘해서 수업 장면을 회상하고, 재미있었던 에피소드를 떠올려보라고 하면 이렇게 말문을 연다.

"아, 생각났어요. 브라질이 라틴 아메리카죠? 오늘 라틴 아메리카에 대해서 배웠어요."

"그래. 그것부터 써보자."

일단 생각에 물꼬가 트이면 관련된 내용이 연달아서 떠오르게 된다. 그러니 생각나지 않는다고 이내 포기하지 말고 차분하게 수업 시간을 회상하면서 기억하려고 애쓰는 게 필요하다. 이렇게 해서 떠올린 기억은 오래 유지된다.

2단계 역시 10~15분 정도 걸린다. 한 시간 수업 내용을 모두 정리하는 시간이다. 순서에 맞게 깔끔하게 정리할 필요는 없다. 복습노트는 정리가 목적이 아니기 때문이다. 한 번 써보는 것, 그 자체에 목적이 있기 때문에 일목요연하게 정리하지 않아도 오늘 배운 내용을 빠뜨리지 않고 쓰면 된다. 기억해서 쓴 내용 중에 틀린 게 있거나 빠뜨린 게 있으면, “아, 이게 아니었구나. 이거였네. 이걸 빠뜨렸구나. 맞아. 이것도 배웠지” 등 혼잣말을 하는 것도 도움이 된다. 스스로에게 말을 건네서 잘못 기억하고 있던 내용을 바로잡고, 바로잡은 내용은 다시 잊어버리지 않도록 매듭으로 묶는 효과가 있다.

수업을 듣고 나서 몇 시간이 흐른 뒤에 하는 복습은 부분 망각이 있는 상태에서 정보를 다시 떠올리는 작업이다. 그래서 오래 기억하기 위한 공부법 중에 가장 효과적인 방법이다.

처음 학습할 때 활성화되었던 뉴런들이 복습하는 동안 다시 한 번 동시에 활성화되는 기회를 갖는다. 이런 과정을 통해 뉴런의 활성화 패턴이 강화되며 그 결과 기억이 오래 지속된다. 반복해서 읽는 전통적인 복습법은 가물거리는 기억을 회상해내야 하는 고통이 따르지 않아서 실천하기는 쉽다. 하지만, 개념과 정보를 담고 있는 신경회로를 강화할 기회를 갖지 못하기 때문에 공부한 내용이 쉽게 망각된다.

뇌의 힘

어머니, 최근에 어떤 영화를 보셨어요?

고민맘

영화라면...
아, <부산행>. 그 영화를 봤네요.

뇌의 힘

영화의 첫 장면이 기억나세요?

고민맘

네? 아, 음, 그게…. 생각이 잘 안 나는데요. 아이가 집에서 심드렁하게 아빠 본지 오래됐다고 말하는 장면? 아니다. 아이 아빠가 회사에서 바쁘게 일하면서 부하 직원에게 아이 생일 선물을 사놓으라고 지시하는 장면이었어요.
그전에 뭐가 더 있었는데. 이미 좀비가 된 젊은 여자가 기차에 타는 장면이었나? 맞아요. 그거예요. 신기하네요. 이게 다 기억나네요.

뇌의 힘

아이들도 공부할 때 마찬가지예요. 시간이 걸릴 뿐이지 천천히 생각하면 수업 받은 내용을 기억해낼 수 있어요.

학원 숙제 말고는 공부를 해본 적이 없었던 원이가 복습 방법을 익혀서 실천하기까지는 시간이 꽤 걸렸다. 다음은 원이가 사회 수업을 기억해내며 쓴 복습노트의 일부다.

과목명	사회	단원명	문화의 다양성

배운 내용 쓰기	싱가포르의 법률에는 길바닥에 껌이나 침을 뱉으면 외국인은 벌금을 내고 내국인은 엄벌에 처한다고 함. 또 싱가포르에는 다양한 인종이 살고 있다. 원래부터 살던 ~~○○○~~족말레이족과, _____, _____이 있다. 또 언어도 다양하다. 영국의 식민지였기 때문에 영어를 쓰고, ~~○○○어~~말레이어도 쓰고, 중국어도 쓴다. 독립 후에는 다른 나라 사람들이 많이 이주해서 살게 되어 종교도 힌두교, 이슬람교, 불교 등 다양하게 믿는다. 이런 것을 문화의 다양성이라고 한다. 벨기에는 언어 갈등이 심해서 남과 북으로 나뉠 위기에 처해 있다. 인도–파키스탄, 카슈미르 지역에서의 분쟁 나이지리아: 이슬람교도와 크리스트교 갈등 수단: 종교 갈등 끝에 남부의 크리스트교 지역이 분리 독립

검은색 글이 수업에서 배운 것을 기억에 의존해서 쓴 것이다. 생각나지 않아서 ○○○로 표시한 것은 나중에 책을 찾아보고 '말레

이'라고 썼다. 쓰면서 원이는 "아, 맞다, 말레이족"이라고 중얼거렸다. 그리고 벨기에와 인도 등에서 벌어진 분쟁은 보충해서 적어 넣었다.(파란 글) 이것은 처음에는 전혀 기억나지 않았던 것들이다. 복습은 노트를 덮고 추가한 부분까지 외운 다음에 끝났다.

이 파트의 소제목은 '집에 와서 복습하기'이다. 여기서 '집에 와서'에 다시 초점을 맞춰보자. 방금 배운 것을 다시 들춰보는 것을 흔히 복습으로 알고 있지만, 이 방법은 효과가 떨어진다. 뇌과학자들은 시간 간격을 두고 공부하라고 권한다. 수업을 듣고 망각할 만한 시간이 흐른 뒤 그 내용을 기억해내려고 애쓸 때 뇌는 최선을 다해 신경망을 가동한다.

책을 펼치고 막힘 없이 읽어 나가는 복습 방법은 도전감이 없어서 곧 싫증이 날 수 있지만, 이런 방식으로 셀프 테스트를 하면서 복습하게 되면 계속 긴장 상태를 유지해야 하기 때문에 싫증을 느낄 겨를이 없다. 이 복습법은 또 수업 시간에 집중해서 듣게 하는 효과도 있다. 집에 돌아와서 기억이 안 떠오를 때 겪을 스트레스를 줄이고 싶기 때문이다.

복습을 시작한 아이들은 "선생님, 수업을 열심히 듣게 돼요." "버스 타고 오면서도 수업 내용을 계속 생각했어요. 까먹지 않으려고요"라고 말한다. 복습 방법을 알려주었는데, 아이들은 수업에 집중하는 태도를 길렀다.

공부량은
'시간'을 기준으로

대개는 '하루에 문제집 석 장' 하는 식으로 하루 공부량을 정한다. 집중력을 높여서 하루에 할 분량의 공부를 다 끝내놓고 놀면 마음이 편해, 아이들은 이 공부법을 선호한다. 시간으로 기준을 세우면 공부를 하지 않고 멍하니 앉아서 그 시간을 채우기도 하니까 부모님들도 시간보다는 분량을 기준으로 삼고 싶어 한다. 그런데 이렇게 분량으로 하루 공부량을 계획하면, 이해하기 어려운 부분은 대충 훑고 지나가는 문제가 생긴다. 그 부분을 깊이 파고들다가는 약속한 분량을 다 채울 수 없기 때문이다.

물론, 시간을 기준으로 공부량을 정한다고 해서 누구나 깊이 있게 공부하는 것은 아니다. 의미 없이 시간만 때우는 아이도 있을 수 있다. 학습동기가 없는 아이들은 어떤 방법을 써도 공부를 시키기 어렵다. 스스로 학습 욕구가 있는 아이라면 분량보다는 공부하는 시간을 기준으로 학습 계획을 세우는 게 바람직하다는 이야기다.

자녀가 수학 문제 하나를 붙잡고 한 시간을 고민했다고 말하면, 많은 부모님들은 적잖이 걱정을 한다. 그렇게 시간을 낭비하면 그 많은 공부를 언제 다 하느냐는 염려이다. 한 문제를 한 시간 동안

잡고 있으면 문제를 많이 풀 수는 없다. 그렇다고 그 시간을 낭비했다고 간주해서는 안 된다. 그 시간 동안 다른 허튼 생각을 하지 않고 오로지 그 문제를 푸는 일에만 집중했다면 자기가 알고 있는 모든 수학적 지식을 동원해서 다양한 풀이 방법을 시도했을 것이고, 그러는 동안 수학적 통찰력이 발달할 수 있다. 이렇게도 풀어보고 저렇게도 풀어보면서 스스로 논리적 오류를 발견하는 순간도 있었을 테고, "아하~" 하고 깨닫는 순간도 있었다면 결코 헛되이 보낸 시간이 아니다. 이런 식으로 한 시간을 보내면 십 분 고민했을 때보다 정답에 두어 걸음 더 다가갈 수 있다.

그러는 사이 뇌에는 어떤 변화가 있었을까? 문제풀이를 시작할 때 최초로 활성화되었던 뉴런은 시간이 지나면서 주변 뉴런들과 시냅스 연결을 많이 만들고, 슈반세포는 핵심 뉴런들의 축삭에 미엘린화를 진행시켰을 것이다.(56쪽 참조)

시간을 정해 놓고 버티기

책을 보지 않고 오늘 배운 내용 중에 기억나는 것을 노트에 쓰기. 이 복습 방법은 간단해 보여도 스트레스가 많은 방법이다. 그래서 인지 여러 번 권유해도 아이들이 잘 따라하지 않았다. "집에 오면 생각이 안 나요." 이 방법을 따르지 않는 이유를 아이들은 이렇게 말한다. 아무것도 보지 않고 배운 내용 전부를 노트에 쓰라는 주문이 부담스러울 것이다. '그 많은 걸 어떻게 다 외워서 쓰지?' 이런 막막함에 선뜻 시작을 못 하는 아이들이 많다.

처음에는 노트를 펼치고 앉으면 무엇을 써야 할지 막막할 것이다. '오늘 국어 시간에 뭘 배웠지?' 이 질문에서 계속 맴돌고 더 나가지 못할 수도 있다. 그렇다면 아직 몰입이 덜된 상태이다. 그럴 때는 뭔가를 기억해내려고 애쓰지 말고 마음을 가라앉히고 국어 시간의 풍경을 천천히 떠올려보자. 그러다보면 수업 중에 있었던 재미있는 에피소드가 생각날 수 있다. 거기에서 시작해서 수업 내용을 하나씩 기억해내면 된다. 수업 시간에 졸지 않았다면 반드시 기억날 것이다. 뇌에 기록된 내용은 웬만해서는 지워지지 않고 남아 있으니 몸과 마음을 이완시키고 시간을 쓰면 하나씩 떠오를 것이다.

수업에서 배운 내용을 떠올리기 위해 기억 속을 탐색하는 것은 숲에서 보물찾기를 하는 것과 같다. 꼭꼭 숨어있는 보물이 적힌 쪽지를 발견하려면, 어느 정도 시간을 들여야 한다. 쪽지가 있을 법한 곳을 여기저기 뒤지다 보면 하나씩 찾아지는 것처럼 머릿속 기억도 그렇다. 처음에는 "생각나는 게 없어요"라고 절망스럽게 말하던 아이도 5분, 10분이 흐르면 한 문장씩 기억해서 쓰기 시작한다. 그렇게 기억해낸 문장을 소리 내어 읽게 하면 또 다른 기억이 떠오르기도 하는데, 읽는 행위가 근접해 있는 시냅스를 자극해서 회상을 돕는 것 같다. "아직 숲 속에는 많은 보물이 숨어 있는데 네가 못 찾는 것뿐이야"라고 말해주면 아이들은 포기하지 않고 기억을 탐색해간다.

"아, 오늘 별로 배운 거 없는데…. 수행평가를 했고 그리고 수업을 조금 하기는 했는데, 음…, 국어가 3교시라 생각이 잘 안 나요. (5분 정도 침묵의 시간이 흐른다.) 뭐지? 뭐지? 아! 시, 시 배웠어요. 제목이 뭐더라? 봄, 고양이. 봄은 고양이로소이다? 비슷한데 정확한지는 모르겠어요. 작가는 기억이 안 나요. 고양이의 모습과 봄을 서로 비교하면서 쓴 시. 고양이의 털, 고양이의 눈, 입술 이런 것들을 봄에 비유했는데, 감각적 비유라고 한 것 같아요. 시각적 비유는 고양이의 눈을 '미친 불길' 같다고 한 것, 촉각은 부드러운 털, 후각은…. 아닌가? 후각은 잘 모르겠어요. 그리고 또, (1분 정도 침묵) 정지된 이미지와 움직이는 이미지 이게 서로 대립되어 나타난 시라고 한 것 같은데, 정지된 이미지는 고요히 다문 입술이고, 움직이는 이미지는 동그란 고양이 눈이었던 것 같은데, 음…, 움직이는 이미지가 이것 말고 또 수염, 날카로운 수염, 생기 있게 뛰노는 것 이런 게 있었던 것 같고, 시를 못 외우니 생각이 잘 안 나요."

지우가 국어 시간에 무엇을 배웠는지 생각해내기까지 5분 정도 걸렸다. 뉴런 숲을 거닐며 이런저런 시냅스들을 들춰보는 데 걸린 시간이다. 그러다가 시를 배운 게 생각났다. 그때부터는 좀 쉬워진다. 생각이 꼬리를 물고 하나씩 떠올라준다. 이런 식으로 머릿속에 들어 있는 내용을 더듬더듬 찾아서 노트에 적어나가면 된다. 오늘 시를 배웠고 그게 봄과 고양이에 관한 시였다는 것을 생각해내면, 그 다음에는 배운 내용들이 비교적 수월하게 떠오른다.

생각나는 게 없어서 복습을 못 했다는 아이에게 나는 아무 생각이 안 떠올라도 복습노트를 펼치고 무조건 버티라고 말한다. 머릿속 어딘가에 있을 정보를 외부 힌트 없이 찾아내는 힘은 배운 내용을 회상해서 시험을 치르거나 배운 것을 활용해서 문제를 해결해야 할 때 중요한 능력이 되기 때문이다. 머릿속을 탐색해서 정보가 있는 곳을 잘 찾아내는 능력, 이것도 반복연습으로 좋아질 수 있다. 평소에 복습을 통해 이런 연습을 꾸준히 해놓으면 결정적인 순간에 필요한 정보를 잘 꺼낼 수 있다. 생각이 나지 않는다고 성급하게 책을 펼쳐서 보는 습관은 회상 능력을 기르는 데 방해가 된다. 서툴고 느리지만 포기하지 않고 보물찾기를 자주 해본 사람은 꼭 필요한 상황에서 보물을 찾아낼 확률이 높다.

틀려도 좋으니 계속 생각하기

유정이는 수학 점수가 좋지 않았다. 학원에 꾸준히 다녔지만 계산력을 주로 보는 난이도가 낮은 문제 외에는 잘 풀지 못했다. 학원을 그만 두고 혼자서 공부를 시작한 뒤로는 문제집을 사서 매일 한 시간씩 풀고 있었다. 수학에 흥미를 갖게 하려고 어머니는 문제집을 사다 주면서 꾸준히 풀어보라고 권했다. 그렇게 석 달을 공부했지만 유정이의 수학 점수는 나아지지 않았다. 유정이에게 수학은 여전히 어렵고 싫은 과목이었다. 내가 보기에, 이런 마음가짐과 태도로는 유정이가 앞으로도 잘하기 어려웠다.

더 나은 결과를 얻으려면, 방향 전환이 필요했다. 나는 유정이에게 풀고 있는 문제집 대신에 교과서에 나와 있는 어려운 문제를 풀어보게 했다. 일차방정식 활용 문제였다. 혼자 힘으로 어려운 문제를 풀어본 경험이 없는 유정이에게는 힘든 도전임이 분명했다. 그래도 유정이는 해보겠다고 했다. 뭔가 돌파구를 찾고 싶었던 것 같다.

일주일 뒤, 우리는 다시 만났다. 그간 내가 제안했던 방법대로 공부를 했다는 유정이는 조금 들뜬 기분으로 이렇게 말했다.

"첫날은 계속 문제가 안 풀리고 십 분에 한 번씩 시계만 쳐다봤어요. 근데 어제는 저녁밥 먹고 9시부터 문제를 풀었는데 한참 풀다 보니 10시 반이더라고요. 시계가 잘못된 줄 알았어요."

한 문제를 붙잡고 그렇게 긴 시간을 보내기는 처음이라고 했다. 하지만 안타깝게도 유정이는 한 시간 반을 보냈지만 그 문제를 해결하지는 못하고 있었다. 나중에는 너무 분해서 그 문제가 나와 있는 페이지를 찢어서 먹어버리고 싶었다고까지 했다. 푸는 과정을 확인해보았더니 답을 구하지는 못했지만 다양한 방법을 시도했고 정답 가까이에 와 있었다. 나는 유정이가 잘못 생각하고 있는 부분을 슬쩍 짚어주었다. 그랬더니 유정이는 단번에 알아듣고 문제를 풀어냈다. 어려운 설명을 이렇게 빨리 알아들은 것은 처음 있는 일이었다.

정답을 찾아내지 못했어도 긴 시간 동안 문제와 씨름하면서 유정이의 머릿속에는 정답으로 가는 여러 개의 길이 만들어졌을 것이다. 비록 그 길을 따라 정답까지는 가지 못했지만 많은 길을 시도하면서 자신에게 부족한 게 무엇인지 알게 되었고, 마침 그 부분을 도와주자 바로 정답을 찾아냈다. 거듭 실패를 하면서 보낸 오랜 시간은 낭비가 아니라 성공을 준비하는 시간이었다. 유정이는 문제를 풀고 나서, "전날 밤의 노력이 헛수고는 아니었나 봐요" 라고 말하며 환하게 웃었다.

십여 년 전, 박사 논문을 준비하면서 했던 시도 중에 유정이의 사례를 설명할 만한 실험이 있다. 문제풀이에 쓸 수 있는 시간을 각기 달리한 두 집단의 학습 효과를 알아보는 실험이었다. 실험은 예비 실험과 본 실험으로 나누어 실시되었다.

먼저 예비 실험에서 A그룹과 B그룹의 실험 참가자들은 똑같은 연습문제를 풀었는데, A그룹은 5분 동안, B그룹은 10분 동안 문제를 풀었다. 연습문제는 다양한 아이디어를 내는 가운데 답을 찾는 것으로, 주어진 시간을 모두 사용해야 한다는 조건을 달았다. 그러나 문제가 어려워서 두 그룹 다 주어진 시간 안에 답을 찾지 못했다.

본 실험에서는 연습문제와 같은 구조를 가졌으나 표면적으로는 다르게 보이는 문제를 출제했다. 두 그룹 모두 동일한 문제를 풀어야 했으며 이번에는 같은 시간을 주었다. 결과는 놀라웠다. 연습문제를 푸는 데 10분을 쓴 그룹이 5분을 쓴 그룹보다 본 실험에서 정답을 찾은 비율이 높았다. 연습문제를 풀면서 아이디어를 구상하는 데 시간을 더 쓸 수 있었던 그룹이 문제를 더 잘 푼 것이다. 이는 오랜 시간 동안 문제를 풀기 위해 다양한 궁리를 하는 것이 정답을 찾아내는 데 도움이 된다는 것을 확인시켜준 결과다.

책상에 앉아서 어떤 문제에 대해 골똘히 생각한다면, 비록 문제를 해결하지 못하더라도 열심히 공부를 하고 있는 것이다.

산만하게 공부하기

자고로 공부란, 잠자코 앉아서 하나를 파고들어야 잘할 수 있다고 다들 믿어왔다. 만약에 초등학교 5학년 아이가 국어 책을 읽다 말고 사회 책을 빼들고, 그마저 끝까지 읽지 않고 수학 문제집을 푼다고 하면, 이런 걱정을 듣기 마련이다.

"우리 아이는 산만해서 큰일이야. 한 가지를 진득하게 하지 못하고 늘 이것 조금 저것 조금 건드리다 말아."

그런데 꼭 그렇게 걱정할 일은 아니라는 게 뇌과학자들의 설명이다. 겉으로 보기에는 산만해 보이는 이 방법이 공부한 내용을 더 오래 기억하게 하고, 배운 지식을 낯선 상황에서 유연하게 적용하는 응용력을 길러준다고 한다.

산만하다는 표현을 썼지만, 다양하게 변화를 주고 융통성을 갖는 방법을 가리킨다. 민감한 독자는 눈치를 챘을 수도 있는데, 다양성과 융통성은 창의성과 연결된다. 다양한 주제를 넘나들면서 융통성 있게 생각할 때 독창적인 아이디어가 탄생한다. 창의성 연구자들은 오래전부터 이 방법에 관심을 가져왔다. 연구소에 근무할 당시 디자인 분야에서 이 주제로 연구를 한 적이 있는데, 산만한 사고과정이 더 창의적인 결과물을 낸다는 것을 확인했다. 앞으로 점점 중요성이 커질 창의성을 기르기 위해서라도, 지금까지와는 다른 공부법에 관심을 가져야 한다.

주제를 섞어서 공부하기

"그런데 선생님, 한 과목씩 차례차례 끝내는 게 좋아요, 아니면 여러 과목을 조금씩 번갈아가면서 하는 게 좋아요?"

시험공부 계획을 세우자고 하면 아이들이 종종 던지는 질문이다. 과학적인 공부법을 배워서 좀 더 효과적으로 공부하고 싶다는 마음이 담긴 질문이다. "너는 어떤 방법이 좋아?" 이런 경우 나는 질문을 되돌려준다. 먼저 아이의 마음을 들어보는 게 좋다.

"저는 비슷한 것 같아요." 다행히 이런 반응이 나오면 이야기가 쉽게 풀린다. "그러면 하루에 두세 과목을 번갈아서 해보자. 그렇게 하면 지루하지 않고 뇌의 여러 영역을 옮겨 가며 사용하게 돼서 학습 효과도 좋아."

그런데 한 과목을 다 끝내지 않으면 다른 과목이 손에 잡히지 않는다고 호소하는 아이도 종종 있다. 그때는 좀 더 대화를 나눠봐야 한다.

"공부하는 동안 지루해서 집중력이 떨어지지는 않니?"

"그런 점이 있기는 해요. 그래도 다른 과목을 하려고 하면, 전에 하던 게 자꾸 떠오르고 두 과목 내용이 마구 섞여서 다 잊어버릴 것 같아 불안해요."

유난히 깔끔한 성격의 예나는 지난 중간고사에서 사회 과목만 두 주 내내 공부하느라 다른 과목은 공부를 제대로 못 하고 시험을 쳤다. 이전 시험에서는 기술·가정 공부만 하다가 다른 과목 시험을 망치기도 했단다. 예나처럼 극단적인 경우가 아니라도 공부할 때 이 과목 저 과목을 넘나들면서 공부하는 것을 싫어하는 아이들이 꽤 있다. 산만하고 혼란스럽다는 이유 때문이다.

직관적으로는 그 생각이 맞는 것 같다. 하나씩 차례차례 일을 끝낸다는 건 깔끔하고 효율적인 느낌이 든다. 한 가지 일을 하다 말고 다른 일을 하려면 매번 준비 과정이 필요하니까 시간을 낭비하는 것 같은 생각이 든다. 하지만 뇌과학은 주제를 섞어서 공부할 것을 권한다. 그렇게 하는 것이 장기적으로 학습 효과를 따져보았을 때 유리하다는 것이다. 주제를 섞어서 공부하면 더 오랫동안 기억되고, 필요한 때 쉽게 꺼내 쓸 수 있다고 말해주면 누구나 솔깃해 한다. 그럼에도 불구하고 의도적으로 과목을 바꾸면서 공부하기가 쉽지 않게 느껴지는 것은, 시간과 노력이라는 '비용'은 지금 당장 치러야 하는데 '효과'는 먼 미래에 있기 때문이다.

주제를 바꾸면서 하는 공부 즉, '교차학습'은 여러 과목을 교대로 공부하는 것뿐만 아니라 한 과목 내에서 다양한 주제를 섞는 것도 해당된다. 한 주제를 집중적으로 공부하는 집중학습과 대조되는 방법이다. 수학 교과를 예로 들어서 교차학습과 집중학습을 비교해보자. 문제풀기가 공부의 주된 내용이 되는 수학 교과에서는, 같은 유형의 문제를 익숙해질 때까지 계속 푸는 것을 집중학습, 다양한 유형의 문제를 넘나들면서 푸는 것을 교차학습으로 분류할 수 있다.

대다수 문제집은 유형별로 문제가 정리되어 있다. 유형 문제를 하나 제시하고 그 밑으로 동일한 유형의 문제들을 나열하는 방식이다. 이런 문제집을 사서 공부하는 아이들은 같은 유형의 문제를 반복해서 풀면서 자연스럽게 유형을 익힌다. 이런 유형은 이렇게

고민맘

선생님, 산만하게 공부하는 것을 뇌가 좋아한다고요? 산만한 거로 따지면, 우리 여자들이 최고죠.

고민맘

제가 아이 키울 때는, 부엌에서 국 끓는 거 보면서, 애 분유 주고, 전화로 홈쇼핑 주문까지 했잖아요.

뇌의 힘

정말 여자들의 '멀티 능력'은 대단하죠.

뇌의 힘

근데 학습에서 산만함이란 조금 달라요. 예를 들어, 영어 사전에서 'border'라는 단어를 찾으면, 첫 번째 뜻이 '국경'입니다. 산만하게 공부한다면, 거기서 사회 시간에 배웠던 국경의 역할과 이민자가 떠오르겠죠.
최근 유럽에서 심각한 이민자 문제도 생각날 겁니다. 이렇게 영역을 달리하면서 관련 내용을 찾아보고 떠올려본다면, 'border'라는 단어는 절대로 잊어버릴 수 없을 거예요.

고민맘

아, 이제 잘 알겠네요.

풀고 저런 유형은 요렇게 풀면 된다는 것을 외우게 된다. 처음 보는 유형의 문제를 풀 때는 알고 있는 지식을 동원해서 문제를 풀겠지만, 비슷한 유형의 문제를 반복해서 푸는 동안은 풀이 방법에 익숙해져서 머리를 많이 쓰지 않고도 자동적으로 문제를 풀 수 있다. 그런 상태가 되면 이미 문제해결력을 키운다는 수학 공부의 본질을 벗어나버려서, 공부를 해도 사고력이 발달하지 않는다.

또 이런 공부 방식으로는 좋은 점수를 받기 어렵다. 유형별로 문제를 나누어서 풀면 사고의 유연성과 원리 적용 능력이 떨어져서, 새로운 문제가 나오면 당황하게 된다. 집중학습 방식으로 공부를 한 아이들은 "시험이 어려웠어요. 처음 본 문제가 많이 나와서 못 풀었어요"라고 말한다.

유형별 정리를 하지 않은 문제집으로 공부했다면 어땠을까? 공부하는 내내 산만한 느낌을 받을 수 있다. '이건 어떤 공식을 써야 하지? 이 문제는 어떤 개념을 적용해서 풀어야 하나?' 문제를 접할 때마다 이런 고민을 하게 된다면 문제집 한 장을 푸는 데 시간이 많이 걸릴 것이고, 공부를 다하고 난 후에도 일목요연하게 정리가 된 느낌을 받기 어렵다.

하지만 새로운 문제를 만날 때마다 문제해결에 필요한 정보를 찾아내기 위해 다양한 두뇌 영역을 탐색하게 되고, 문제를 풀어낼 때마다 새로운 시냅스가 생겨난다. 이런 과정을 거치면서 문제해결력이 좋아지고 처음 보는 유형의 문제를 만나도 위축되거나 포기하지 않고 평소에 하던 대로 '탐색-발견-문제해결'의 수순을 밟아 성공적으로 문제를 풀 수 있다. 부모님들은 아이들의 문제집을 고를 때 이 점에 유의하시기 바란다.

교차공부는 매번 번거로운 수고를 감내해야 한다. 그런데 다른 공부를 하게 되면서 놓쳐버린 기억을 되살려내려는 노력 자체가 망각을 막는 행동이라면 어떻게 하겠는가? 하나의 모드에서 다른 모드로 넘어가는 순간에 천금 같은 학습이 일어난다면 기꺼이 이 방식을 택해야 하지 않을까? 사회 공부를 하다가 멈추고 과학을 공부하고, 그날 오후에 다시 사회 공부를 시작하는 순간, 뇌의 유연성이 커지며 학습 능력이 탄탄해진다.

예나는 시험을 보고 나서 수학에 대한 자신감을 많이 잃었다고 했다. 어느 때보다 문제를 많이 풀고 완벽하게 준비했다고 생각했는데 78점을 받았다면서, 이제는 어떻게 해야 할지도 모르겠고 포기하고 싶다면서 울먹였다.

"예나야, 다음에는 수학 문제집을 오려서 유형을 마구 뒤섞어 다른 종이에 붙인 뒤 풀어보자."

예나는 유형을 외운 게 잘못이었다고 반성했다. 나는 예나의 말에 동의하면서 공부법을 제안했다. 다양한 유형의 문제를 뒤섞어서 푸는 연습을 하면 문제 유형을 외우는 대신에 기본 원리를 꿰뚫어보는 능력을 기를 수 있다. 다양한 조건을 넘나들면서 문제를 풀어보면, 아이들은 기술을 암기하지 않고 원리를 터득한다.

매일 조금씩 하기

시험공부는 벼락치기가 제 맛이라는 친구가 있었다. 고등학교 때 그 친구는 평소에 실컷 놀다가 시험 기간만 되면 눈에 불을 켜고 공부해서 좋은 점수를 받았다. 나는 꾸준히 공부를 해야 성적이 나오는 편이어서 벼락치기로 좋은 성적을 받아내는 그 친구가 부러웠다.

결혼을 하고 대학원을 다닐 때도 벼락치기 공부는 쉽지 않았다. 아이를 키우면서 공부를 병행해야 했던 나는 언제 어떤 일이 생길지 몰라 늘 유비무환의 자세로 지내야 했다. 여유부리고 놀다가 벼락치기로 A학점을 받아내는 스릴 넘치는 공부는 이때도 허락되지 않았다. 시간이 있을 때마다 읽고 외워둬야 했다. 아이가 낮잠을 자는 시간에, 학교를 오가는 지하철 안에서, 세탁기가 돌아가는 동안, 이렇게 조각조각 쪼개진 시간에 책을 봤다. 그러면서 문득문득 벼락치기에 능하던 친구가 떠올랐다. 늘 손에서 책을 놓지 못하고 전전긍긍 하는 나에 비해 그 삶이 효율적이고 멋져보였다.

그런데 나는 아이를 키우고 살림을 하면서 학창 시절에 꾸준히 했던 공부의 위력을 실감하게 되었다. 국어 책에 나왔던 동시, 음악 시간에 배운 노래, 가정 시간에 배운 얼룩 제거 방법 등이 필요한 순간에 자연스럽게 기억났다. 그런 나를 보면서 남편은 신기해 했다. "어떻게 그런 걸 다 기억해? 나는 아무 것도 생각이 안 나는데."

나로서는 어떻게 그걸 잊어버릴 수 있는지 의아했다. 남편도 학교 다닐 때 배우고 외우고 시험 보면서 여러 번 반복했을 텐데…. 물론 벼락치기로 말이다. "어떻게 그걸 그렇게 모조리 잊어버릴 수 있어?"

대학원에 다니던 어느 날, 그 의문이 풀렸다. 그날 수업 시간에는 뇌가 좋아하는 암기 방법을 배우고 있었다. 내 전공은 인지심리학이었고, 학습과 기억은 인지심리학의 주요 이슈들이다. 그 인지 실험은 참가자들에게 다양한 조건에서 단어를 외우게 한 뒤 일정 기간이 지난 다음에 시험을 봐서 어느 그룹이 잘 외우는지 가려내고자 했다.

실험 결과는, 짧은 기간 동안 집중적으로 단어를 외우게 한 사람들보다 주어진 시간을 조금씩 나누어 쓰면서 오랜 기간 단어를 외우게 한 사람들이 더 잘 외우는 것으로 나왔다. 단어 외우는 데 총 1시간을 사용한다고 하면, 1시간 동안 계속 단어를 외우는 것보다 첫째 날 20분간 외우고, 다음날 다시 20분 외우고, 그 다음날에 20분간 외우는 방식이 좋다는 것이었다. '아, 이거였구나. 내가 중·고등학교 때 학교에서 배운 것들을 오래 기억할 수 있었던 건 벼락치기 공부에 약한 내가 평소에 조금씩 공부를 해두는 습관을 갖고 있었기 때문이었구나.' 벼락치기 공부에 대한 오랜 부러움이 사라지는 순간이었다.

미국의 심리학자 헨리 뢰디거(Henry Roediger) 등은《어떻게 공부할 것인가》에서 벼락치기 공부가 머릿속에 오래 남지 못하는 이유를 다음과 같이 설명했다.

"새로운 지식을 장기기억에 새겨 넣으려면 통합과정이 필요하다. 기억 흔적을 강화하고 의미를 부여하며 사전지식과 연결하는 이 과정은 몇 시간 내지 며칠에 걸쳐 일어난다. 속사포처럼 몰아치는 연습은 단기기억을 이용한다. 하지만 학습이 오래 지속되려면 심리적 연습과 더불어 통합 과정이 일어날 시간이 필요하다."

시험 보기 직전의 쉬는 시간에 영어 단어를 외운다는 현호는 '벼락치기의 귀재'였다. 잠깐 공부해서 20개 단어 중에서 평균 18개 이상을 맞혔다. 그런데 정작 영어 책을 읽혀보니, 단어 실력이 형편없었다. 시험을 보고 나면 머리에서 다 빠져나갔던 것이다. 벼락치기 공부는 시험지에 쓸 수 있을 만큼 짧은 시간 동안은 머릿속에 머물지만 곧 사라져버린다는 것을 명심해야 한다. 공부에 할애하는 시간이 열 시간이라면 이틀에 몰아서 하지 말고, 매일 한 시간씩 열흘 동안 공부하는 편이 낫다. 공부한 내용을 오래 기억하고 싶다면 말이다.

잊어버리게 놔두기

읽고 외워서 오래오래 기억하는 게 공부의 중요한 목표인데 잊어버리게 놔두라니, 얼핏 들으면 말도 안 되는 소리 같다. 하지만 더 잘 외우기 위해서 실천해야 하는 지혜로운 공부 방법이다. 말하자면, 이보 전진을 위한 일보 후퇴와 같은 것이다. 외우고 나서 망각이 일어날 수 있도록 얼마 동안 의도적인 간격을 둔 뒤, 가물거리는 기억을 잡고 다시 한 번 외운다. 이 방법은 외운 내용이 오래오래 기억나도록 머릿속에 단단히 가둔다.

라이트너 박스를 활용하기

벼락치기 시험공부, 한 과목에만 전념하는 집중학습, 유형별 반복연습 등은 효율적인 공부법처럼 보이지만 과학적으로 따져봤을 때는 그렇지 않다는 것을 앞에서 여러 차례 강조했다. 매일매일 조금씩 여러 주제를 섞는 등, 얼핏 산만해 보이는 방법으로 공부하는 것이 오래 기억하고 유연하게 적용하는 데 유리하다고 과학자들은 이야기한다. 독일의 과학자 세바스티안 라이트너(Sebastian Leitner)는 이런 '공부의 과학'을 실천하는 도구를 고안했다.

'라이트너 박스'(Leitner box)라고 부르는 직사각형 모양의 이 상자는 내부가 네 칸으로 나뉘어 있고 각각의 칸에 외워야 할 내용을

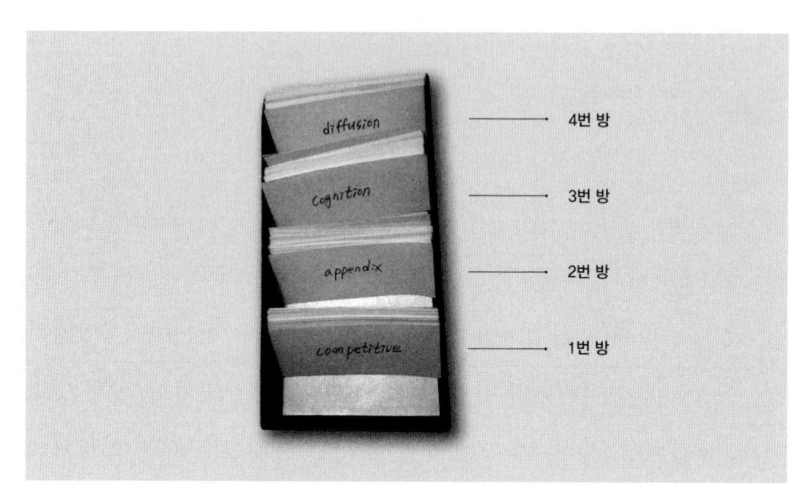

영어 단어 암기를 위한 라이트너 박스. 상자를 네 칸으로 나눈다.

적은 카드가 들어 있다. 이때 자주 틀려서 반복을 많이 해야 하는 카드는 첫째 칸에, 그보다 덜 틀리는 것은 둘째 칸에, 그보다 덜한 것은 셋째 칸에 넣은 후 매일 연습하면, 잘 외우고 오래 기억할 수 있다고 한다. 나는 이 라이트너 박스를 응용하여 '영어 단어 외우기 상자'를 만들어보았다. 아이들이 영어 단어를 재미있게 외우고 오래 기억할 수 있도록 도와주기 위해 만든 도구이다.

"영어 공부는 재미있는데 단어 외우는 게 싫어요." "우리 애는 영어를 잘하는데 단어를 안 외우려고 해요." "단어를 몰라서 틀렸어요." "단어를 그렇게 달달 외우는 건 좋은 공부법이 아니라고 생각

영어 라이트너 박스 활용하기

첫째 날	모르는 단어를 단어카드에 적고 뒷면에 뜻을 쓴다. 카드를 1번 방에 넣는다.
둘째 날	1번 방에 있는 단어카드를 하나씩 꺼내들고 외워본다. 외워진 단어카드는 2번 방으로 보낸다. 1번 방에는 매일 새 카드를 채워 넣는다.
셋째 날	2번 방부터 시작한다. 2번 방 단어카드를 하나씩 외운다. 외워지면 3번 방으로 올린다. 2번 방이 끝나면 1번 방을 같은 방식으로 한다.
넷째 날	3번 방부터 시작한다. 3번 방에 있는 단어카드 중 외워진 것은 4번 방으로 올린다. 다음은 2번 방, 1번 방을 순차적으로 같은 방식으로 한다.
다섯째 날	넷째 날을 반복한다.

해요."등 영어 단어와 관련해서 자주 듣는 불평이다. 아이들은 여러 가지 이유를 대면서 단어를 외우지 않는다. 하지만 단어를 안 외우고도 영어 점수를 잘 받는 아이는 단 한 명도 본 적이 없다. 읽고 쓰고 듣고 말하는 모든 언어 행동에서 가장 기본이 되는 재료가 어휘력 곧 단어 실력이기 때문이다.

내가 만든 영어 라이트너 박스 안에도 네 개의 방이 있다. 첫째 날에는 모르는 단어를 단어카드에 적고 뒷면에는 뜻을 써서 1번 방에 넣는다. 첫째 날은 카드를 꺼내 외우지 않는다. 둘째 날에는 1번 방에 있는 단어카드를 하나씩 꺼내들고 외워본다. 외워진 단어카드는 2번 방으로 보낸다. 안 외워졌으면 1번 방에 다시 내려놓는다. 둘째 날은 여기까지 하면 된다. 셋째 날은 2번 방부터 시작한다. 2번방 단어카드를 하나씩 외운다. 외워지면 3번 방으로 올리고 안 외워지면 2번 방에 그대로 둔다. 그러고 나서 1번 방 카드를 외운다. 외워지면 2번 방으로 올리고 안 외워지면 1번 방에 내려놓는다. 넷째 날은 3번 방부터 시작한다. 3번 방에 있는 단어카드 중 외워진 것은 4번 방으로 올리고 아직 못 외운 것은 3번 방에 내려놓고, 2번 방으로 가서도 똑같이 한다. 1번 방에 가서도 같은 방법으로 하면 된다. 다섯째 날부터는 넷째 날에 한 것처럼 똑같이 반복하면 된다. 1번 방에는 영어 공부를 하면서 만나게 되는 새로운 단어를 매일매일 채워야 한다.

단어카드가 4번 방까지 올라왔다는 것은 무엇을 의미하는가? 4번 방에 도착할 단어들은 1번 방에 있다가 다음날 외워져서 2번 방으로 올라가고, 그 다음날 다시 3번 방으로, 그 다음날 다시 4번 방으로 이렇게 사흘 연속 외우는 데 성공한 단어들이다. 한 자리에서 반복 연습으로 외운 게 아니고, 하루라는 시간 간격을 세 번이나 통과하는 동안 기억에 남아 있어서 4번 '기억의 방'까지 살아남았다. 망각이 일어날 수 있는 충분한 시간인 '하루'를 세 번이나 통과했으므로 앞으로도 머릿속에서 사라지지 않고 오래오래 기억될 것이다.

라이트너 박스는 활용 방법이 중요하기 때문에 사용 방법을 자세히 소개했다. 잘못 사용하면 기대하는 효과를 얻을 수 없기 때문이다. 욕심을 부려서 1번 방 단어카드를 같은 날에 2번 방을 거쳐

3번 방까지 '고속 승진'시키면 안 된다. 반드시 하루에 한 계단만 승격시키고 망각할 수 있는 충분한 시간을 주어야 한다. 라이트너 박스 속에서 하룻밤을 재우는 게 단어를 장기기억 속에 오래 붙잡아두는 핵심 비법이다.

이렇게 단어 외우기를 실천하는 아이들은 오래지 않아 단어 실력이 크게 성장한다. 4번 방에 도달한 단어들을 모두 모아서 한 달이 지난 뒤에 최종 점검을 해본 결과, 대부분의 아이들이 자신이 외운 단어들 중 80% 이상을 기억하고 있었다. 단어 실력이 모자라서 영어 공부에 어려움을 겪고 있다면, 지금 당장 라이트너 박스를 만들어보자. 네모난 박스를 구하고, 적당한 간격으로 칸을 나눈 뒤, 매일 새로운 단어카드를 만들어 1번 방에 넣으면 된다. 그리고 매일 15분만 시간을 내자. 100일이 지나면 무려 천 개 이상의 단어를 외우게 된다.

간격을 두고 반복하기

앞에서 복습은 수업이 끝난 뒤에 하지 말고 집에 와서 하라고 했다. 제대로 된 복습은 시간 간격을 두고 할 때 장기기억으로 이어지기 때문이다. 일정한 시간이 지난 후에 복습을 하면 힘든 인출 과정을 겪게 되는데, 이때 인출에 성공하면 장기기억으로 들어갈 확률이 높아진다. 인지심리학자들은 '제대로 배우려면 인출하라'고

강조한다. 인출이란, 머릿속에 있는 내용을 꺼내는 것을 말한다. 공부해서 장기기억에 저장한 것을 작업기억(working memory)으로 끌어내는 것이다. 작업기억은 정보를 일시적으로 보유하고 각종 인지적 과정을 계획하고 순서 지으며, 실제로 수행하는 작업장 기능을 하는 단기적 기억이다. 시험을 칠 때나 알고 있는 것을 이야기할 때 우리는 인출을 한다. 기억하기 역시 인출이다.

이번에는 시간을 두고 암기하는 것에 대해 얘기해보고자 한다. 암기를 어떻게 생각하는가? 단순암기식 교육이 창의력을 말살한다는 비판이 나오면서 외우는 공부를 경시하는 분위기가 생겨났다. 이해를 잘하는 것이 암기를 잘하는 것보다 '격조' 있는 공부 방법이라는 어른들의 생각이 아이들에게 영향을 끼쳐서, 외우는 것에 대한 저항감을 갖게 하는 것 같다. "공부하기 싫어요"라는 말은 쉽게 꺼내지 못하는 아이도 "외우는 건 하기 싫어요"라는 말은 거리낌 없이 한다. 물론, 단순암기만 하는 공부는 옳지 않겠지만, 이해만 하고 반드시 기억해야 할 내용을 외우지 않는다면 한쪽 날개를 잃은 새처럼 날아오를 수 없다. 학습에 '기억하기'는 없어서는 안 되는 중요한 과정이다. 사실, 많은 양의 학교 공부를 소화해야 하는 나이에 남들보다 기억력이 좋다면 굉장한 축복이라 할 수 있다.

사회나 역사 등 소위 암기 과목이라고 불리는 교과목들은 물론이고 국어, 영어, 과학, 심지어 수학 과목을 공부할 때도 외워야 할 것들이 있다. 잘 외우는 사람은 그렇지 못한 사람에 비해 효율적인 학습을 할 수 있기 때문에, 잘 외우기 전략을 배워두면 공부에 큰 도움이 된다.

'간격을 두고 반복하기'는 강력한 암기 전략이다. 국어 책에 나오는 시를 외울 때도 이 방법을 쓰면 좋다. 시를 두 번 정도 소리 내서 읽은 뒤, 다른 단원의 글을 읽거나 학습활동 문제를 푸는 등 30분 정도 다른 공부에 집중한다. 그런 다음, 다시 시를 두 번 읽고 다른 공부를 30분 정도 한다. 그리고 다시 시를 두 번 읽는다. 이렇게 총 여섯 번을 읽은 뒤 한 번 외워본다. 아직 안 외워진 부분이 있다면, 두 번 더 읽고 다른 공부 하는 것을 반복한다. 30분 공부하기를 끼워 넣는 것은 시가 얕은 기억에 머무르지 못하도록 의도적으로 방해를 하는 것이다. 얕은 기억이 지워진 다음에 다시 읽게 되면 안 외워지는 부분에 더 신경을 쓰며 읽을 것이고 다음에는 기억을 할 수 있게 된다.

실제로 아이들과 함께 해보면 위 방법이 연거푸 반복해서 읽는 것보다 효과가 좋다. 연속해서 반복 읽기를 하면 읽을 때는 외워지는 것 같지만, 시간이 지나면 잊히는 것은 마찬가지다. 읽고, 잊어버릴 시간을 주고, 다시 읽기를 되풀이했을 때, 머릿속에 꾹꾹 눌러 저장하게 된다. 쓸데없는 반복 횟수를 줄이고 최적의 반복만 하는 것이 이 방법의 핵심이다. 이렇게 해서 외운 시는 한 주가 지나도 잊지 않고 잘 기억했다. 이 방법은 '간격 두고 외우기'와 '인출하기'가 결합된 과학적인 암기 방식이다.

어렵게 공부하기

지금부터 말하고자 하는 것은, 대가로 치르는 힘든 과정이 곧 원하는 결과를 만들어내는 밑거름이 된다는 것이다. 근육을 키우기 위해서 운동을 하는 경우가 좋은 예가 될 것이다. 가벼운 덤벨은 힘이 덜 드는 만큼 근육이 잘 안 만들어진다. 더 무거운 덤벨로 운동을 하면 힘은 들겠지만 충분한 보상이 주어진다. 고통을 느끼는 바로 그 지점에서 근육이 발달한다. 뇌 발달도 마찬가지다.

쉬운 문제는 건너뛰기

아이들이 공부하는 모습을 십 년간 지켜보면서 수학 공부를 열심히 하지 않는 아이들의 특징을 두 가지 발견했다. 쉬운 문제 위주로 풀고 채점을 하지 않는다는 것이다. 수학을 잘하지 못하는 아이들은 복잡한 사고를 하지 않아도 풀 수 있는 연산 위주로 문제집을 푼다. 이것들만 풀어도 나름의 하루 공부량인 문제집 몇 장을 채울 수 있을 만큼 난이도가 낮은 문제가 많다. 기초적인 연산 문제를 모두 풀고, 설명을 참고하면서 대표 유형 문제를 풀고, 그 밑에 이어서 나오는 같은 유형의 문제들을 네다섯 개 풀고 나면 공부가 끝난다.

채점은 하지 않았지만 몇 시간이나 앉아서 풀었으니 누가 봐도 나무랄 데 없는 성실한 공부 태도이다. 이렇게 해서 난이도 높은 문제는 그대로 남겨둔 채 하루 공부가 끝난다. 아이들은 '심화라는 딱지가 붙은 어려운 문제를 내가 어떻게 풀겠어'라는 생각을 하는 것 같다. '괜히 건드렸다가 시간만 낭비하게 돼. 결국은 못 풀 텐데, 빨리 끝내고 다른 거 해야지'라는 생각도 한다고 고백했다.

"수학을 공부하는 데 시간을 가장 많이 썼는데 점수는 60점대예요." 울상을 지으며 말했던 여학생도 있고, "지난번에는 56점이었는데 이번에는 61점이니까 조금 오른 거죠"라고 웃으면서 말하던 남학생도 있었다. 매일 수학 문제집을 푸느라 한두 시간씩 고생을 했는데 점수는 왜 이 정도에 머물러 있는 걸까?

연산을 못 하면 수학 문제를 풀지 못할 테니, 연산 문제를 연습하는 것도 필요하다. 또 쉬운 문제나 보통 수준의 문제를 풀지 않고 고난이도 문제를 풀려고 덤비는 것도 바람직하지 않다. 내가 지적하고 싶은 것은 쉬운 문제만 반복해서 푸는 것이다. 쉽고 어려운지를 나누는 기준은 학습자 개개인이 느끼는 난이도에 따르면 된다. 만약에 어떤 문제가 너무 쉬워서 별다른 노력 없이도 술술 풀린다면 그런 문제는 그만 풀고 한 단계 높은 문제로 나아가야 한다. 그런데 아이들은 잘 풀리니까, 건너뛰면 찝찝하니까, 학원 숙제라는 이유로 쉬운 문제를 반복해서 풀면서 귀중한 시간을 다 보낸다. 그러는 동안 뇌는 새로운 자극을 받지 못한다.

수학 문제를 푸는 동안 우리 뇌는 여러 가지 기호의 의미를 이해하고, 출제자가 무엇을 묻고 있는지 질문의 의도를 파악한다. 또한 필요한 정리와 정의, 공식 등을 기억해내고, 추론하고, 계산하는 일을 한다. 이런 과정은 새로운 문제를 풀 때마다 매번 조금씩이라도 달라야 한다. 그래서 문제를 푸는 동안 한 번도 가보지 않은 뉴런 숲길을 탐색할 수 있어야 한다. 그런 새로운 경험들이 모여서 문제해결력이 길러진다.

그런데 쉬운 문제를 반복해서 푸는 것은 새로운 길을 닦지 않고, 이미 닦아 놓은 길을 가는 것과 같다. 눈을 감고도 걸을 수 있는 길을 자꾸 걸어보는 것이 무슨 자극이 되고 발전이 있겠는가?

학교 공부의 목적 중 하나는 삶 속에서 만날 수 있는 낯선 문제들을 해결하는 능력을 기르는 일이다. 따라서 한 번도 가보지 않은 길을 누가 잘 완주해 내는가를 테스트할 수 있는 문제가 좋은 시험문제이다. 이런 시험을 잘 보려면 쉬운 문제를 풀면서 반복 노동을 하는 시간과 노력을 절약해서 난이도가 높은 어려운 문제들을 시도해봐야 한다.

있는 힘껏 밀어붙이기

뇌 신경과학자 앤 바넷(Ann Barnet)과 리처드 바넷(Richard Barnet)은 인간의 지적 발달과정을 '타고난 성향과 인생이 나누는 평생에 걸친 대화'라고 표현한다. 유전자가 부여하는 능력을 가지고 태어나지만, 그 후 삶 속에서 어떤 노력을 하느냐에 따라 뇌 기능이 크게 달라질 수 있다는 것을 암시하는 말이다.

최근 뇌과학자들은 뉴런의 수가 평생 동안 증가하지 않는다는 기존의 주장을 뒤엎고, 연합학습(association learning)이 해마에서 새로운 뉴런을 생성하도록 자극한다는 연구 결과를 내놓았다. 연합학습이란, 서로 관련이 없어 보이는 두 영역을 결합시키는 것이다. 예를 들어, 예술 영역(사진)과 의학 영역(X-ray)을 연결 지어서 'X-ray 예술 사진'이라는 새로운 장르를 만드는 것과 같다.

또한 다양한 경험을 하는 환경에서 성장하면, 뉴런들 간에 시냅스 연결이 많아진다는 연구 결과도 있다. 여기에 더해서 최근에는 심층연습(deep practise)이 축삭의 미엘린화를 촉진한다는 주장도 나오고 있다. 이것들은 모두 뇌는 성장 가능하다는 '뇌의 가소성'에 관한 것이다.

이 중에서도 축삭의 미엘린화(56쪽 참조)는 요즘 아이들의 공부 방법을 돌아보게 하는 중요한 발견이다. 미엘린 연구는 많은 연습량을 소화해야 하는 스포츠 선수나 악기 연주자 등을 대상으로 주로 이루어져 왔다. 미엘린은 오랜 시간 집중 연습을 해야 달라질 수 있기 때문이다. 축삭을 감고 있는 미엘린 층의 두께는 특정 분야의 능력과 관련이 있다고 한다. 지금까지의 연구 결과에 따르면 연습을 많이 할수록 연관된 경로를 따라 미엘린층이 더 두꺼워지고, 축삭을 흐르는 전기 신호의 강도와 속도가 높아지며 그 결과 수행의 수준도 높아진다. 피아노 연주자의 경우, 연주하는 데 필요한 인지과정에 관여하는 신경섬유들과 손가락 움직임에 관여하는 신경섬유들의 미엘린 겹이 증가한다는 사실이 확인되었다.

'있는 힘껏 밀어붙이기'가 학교 공부에는 어떻게 나타나는지 알아보자. 교과 중에서 특히 이해가 어려운 부분을 공부하는 상황을 예로 들어본다.

아이들이 어려워하는 부분은 비슷하다. 중학교 과학 과목에서는 전기, 일과 에너지, 유전의 법칙과 같은 단원이 어렵다고 호소한다. 나도 학생일 때 이 부분이 어려웠던 기억이 있다. 전기 단원을 예로 들어 아이들이 어려워하는 이유를 생각해보자. 전류의 흐름, 전압의 세기, 저항의 크기 등은 눈에 보이는 것이 아니다. 그래서 구체적으로 조작해보지 못하고 상상만으로 이해해야 한다. 그러니 어려울 수밖에 없다. 여기에 저항의 병렬연결, 직렬연결이라는 차원이 추가되면 머릿속은 혼란스러워지고 결국 개념들 간의 관계 파악을 포기하게 된다. "못 하겠다"고 손을 들게 된다.

지환이는 옴의 법칙이 이해가 안 된다고 했다. 학습지를 보면서 이해하려고 노력했지만, 너무 어렵고 헛갈린다고 했다. 아이에게 이런 질문을 받으면 옴의 법칙이 무엇인지 설명해주는 대신에 옴의 법칙에 대해서 설명이 잘되어 있는 교과서를 읽게 해야 한다. 지환이 스스로 옴의 법칙을 이해하기 위해서 노력하는 동안 뇌는 건강한 스트레스를 받을 것이다.

니크롬선에 걸리는 전압을 2배, 3배로 하면 니크롬선에 흐르는 전류의 세기도 2배, 3배가 된다. 이처럼 전기회로에 걸리는 전압이 증가하면 전류의 세기는 커진다. 즉, 전류의 세기는 전압에 비례한다. '전류의 세기 ∝ 전압' 이러한 관계를 옴의 법칙이라고 한다.

그런데 교과서를 읽는 지환이의 눈빛을 살펴보니, 전류와 전압이 무엇인지 잘 모르는 것 같았다. 기본 개념을 모르는 상태에서 개념들 간의 관계는 이해하지 못할 테니, 그럴 때는 다시 앞부분으로 돌아가서 전류와 전압의 개념을 공부해야 한다. 아래는 전압에 대한 설명이다.

펌프를 이용하여 물을 낮은 곳에서 높은 곳으로 퍼 올리면 물은 '높이 차'에 의해 아래로 떨어지면서 물레방아를 돌린다. 전구가 연결된 전기 회로에 전지를 연결하면 전류가 흘러 불이 켜지는데 이는 전지가 전류를 흐를 수 있게 힘을 제공했기 때문이다. 전지는 펌프와 같이 전선을 따라 전류가 계속 흐를 수 있게 해준다. 이때 물의 '높이 차'와 같이 전기회로에 전류가 흐르게 하는 능력을 전압이라고 하며 단위로는 V(볼트)를 사용한다.

충분히 주의를 기울여서 읽는다면, 이 글을 읽고 전압의 개념을 이해할 수 있다. 한 번 읽어서 해결이 안 되면 두 번, 세 번 읽으면 된다. 주의 집중이 안 되면 읽다가 잠깐 멈추고 방금 읽은 내용을 요약해보거나 스스로 질문을 던지고 답을 해보는 것도 좋다. 같은 방법으로 전류의 개념까지 이해하고 나서, 다시 옴의 법칙을 읽으면 이해가 잘될 것이다. 이런 과정을 거치면서 뇌신경은 많은 자극을 받게 되고 때로 미엘린화가 진행되기도 한다.

아이의 공부를 돕고 싶다면 책 읽는 호흡을 주시하면서 적절한 지점에서 한 번씩 질문을 던져주는 것이 좋다. 더도 말고 덜도 말고 책을 제대로 읽어낼 수 있도록 도와주면 된다. 책을 읽고, 잠깐씩 멈추고 의미를 곰곰이 생각하는 방식의 공부를 하다 보면 능동적인 학습 태도가 형성되고 미엘린이 두꺼워질 기회도 생긴다. 내용이 어려워서 여러 번 반복하고 집중력을 높여야 할수록 미엘린화가 일어나는 기회가 된다. 아이가 끌고 오르는 수레를 뒤에서 밀어주려 하지 말고, 아이가 온힘을 다해 오르도록 곁에서 응원만 하면 된다.

힘들여 배우면 왜 좋은가?

"하루에 여러 번 외우지 말고 딱 한 번씩만 외워. 그 대신 매일 빼먹지 말고 하기다."

"아, 그러면 다 잊어버려요. 하루에 두 번씩 외우면 안 돼요?"

"해도 돼. 하고 싶으면. 그런데 별로 효과가 없을걸? 두 번 했다고, 그 다음날 안 하고 그러면 안 된다."

한 번만 외우면 잊어버릴까 봐 아이들은 한자리에서 여러 번 외우는 걸 좋아한다. 기껏 외워 놨는데 다음날 기억이 안 나는 낭패감을 맛본 아이들은 조금씩 매일 하라는 공부법을 내켜하지 않는다. 다음날이 되면 다 잊어버리니 헛짓이라고 말하는 아이도 있었다.

그런데 다음날에 기억이 안 난다고 머릿속에서 빠져나간 것은 아니다. 머릿속 어딘가에 있는데 떠올리지 못하는 것이다. 이럴 때 포기하지 말고 흐릿해진 기억을 살려서 다시 떠올려보는 방법이 좋은 공부법이다. 이 방법으로 공부를 하면 공부한 내용을 잊지 않고 오래 기억하는 것은 물론이고, 그 지식이 필요한 다양한 상황에서 능숙하게 적용하는 응용력까지 길러진다. 그래서 나는 힘이 들어도 이 방법으로 공부하자고 아이들을 설득한다.

한자리에서 서너 번 반복해서 외우면 술술 외워지는 느낌이 든다. 그런데 다음날이 되면 생각이 잘 나지 않는다. 술술 외워지는 것 같았지만 사실은 작업기억 속에 있는 자료를 생각 없이 반복하는 중이었기 때문이다. 서너 번 외우는 것을 사나흘에 나누어 하루에 한 번씩 외우다 보면, 이튿날에도 그 다음날에도 술술 외워지지는 않는다. 조금씩 잊어버린 상태에서 기억을 떠올려야 한다. 기억의 작업대를 떠난 내용을 길어 올리는 일이니 빡빡한 느낌이 드는 게 당연하다. 이렇게 간격을 두고 공부하는 것은 자발적으로 힘든 방법을 선택하는 것이다. 그런데 이 방법이 왜 좋다는 것일까?

어느 정도 망각이 일어나게끔 시간 간격을 둔 후 다시 애써서 회상해내는 과정을 반복하다 보면, 저장된 내용의 핵심을 또렷이 파악할 수 있다. 반복하는 과정에서 덜 중요한 내용은 자연스럽게 버리게 된다. 또 반복해서 인출하다 보면 자연스럽게 개개인의 지식 구조에 맞게 내용이 재구조화 되어 안정적으로 기억하게 된다. 그 밖에도 매번 다른 맥락에서 인출하게 되니 여러 가지 접근 경로를 만들 수 있고, 그 결과로 많은 인출 단서를 갖게 된다. 또 반복 인출을 하면서 인출 경로를 탄탄하게 닦을 수 있는 것도 큰 이득이다.
간격을 두고 반복적인 회상 연습을 충분히 하고 나면, 서로 연관된 개념들이나 연속적인 나열이 의미 있는 하나의 덩어리로 결합된다. 영어 단어 암기를 예로 들어 보겠다. 'exactly－정확하게'를 첫째 날에 외우고 하루의 간격을 둔 뒤 이튿날에 다시 보면 잘 기억나지 않는다. "무슨 뜻이었지, exactly가?" 아직 두 단어가 결합되지 못해서 그렇다. 그런데 '정확하게'라는 뜻을 보는 순간 "아, 맞다. 정확하게였지" 하고 전날 외운 내용을 떠올리게 된다. 이런 식으로 사나흘간 간격을 두고 반복 연습을 하면 'exactly-정확하게'가 한 덩어리로 뭉쳐진다. 'exactly-정확하게' 라는 새로운 심성 모형(mental model, 생각하는 방식)이 우리 뇌 속에 만들어지는 것이다. 한자리에서 세 번 연거푸 외우는 것보다 사흘간 매일 한 번씩 외우는 것은 확실히 노력과 시간이 많이 들어가는 공부이다. 그러나 그만큼 기억은 오래 간다.

간격을 둔 반복학습은 단어 외우기 외에 개념 학습에 도움이 된다. 아이들이 아주 어렸을 때, 새로운 개념을 배우는 과정을 상상해보자. 우리는 개와 고양이를 어떻게 구분 짓게 되었을까? 개를 먼저 알게 되었다면, 한동안은 고양이를 보고도 개라고 할 것이다. 그러다가 어떤 상황에서 개와 고양이가 다르다는 것을 알게 되고 이 둘을 구분해서 인식하게 된다. 이런 일은 며칠을 두고 혹은 몇 개월, 몇 년을 두고 서서히 일어난다. 그리고 이런 방식이 우리가 무엇을 배우는 자연스러운 방식이다. 어떤 대상을 시간 간격을 두고 번갈아 접하면서 배우는 것, 이것이 좋은 학습법인 이유는 이런 식으로 대상에 노출이 될 경우 각각을 구별하고 귀납적으로 결론 내리는 기술이 향상되기 때문이다. 귀납적 결론이란, 개와 고양이의 특성을 따로따로 파악한 뒤 둘 사이에 공통점과 차이점을 발견하고 이를 바탕으로 이 두 동물이 서로 다른 동물이라는 결론을 내리는 것이다. 인공지능이 가장 어려워하는, 아직까지는 인간만의 학습 방법이기도 하다.

이를 학교 공부에 적용해보자. 삼각형의 넓이, 사각형의 넓이, 평행사변형의 넓이, 사다리꼴의 넓이를 구하는 방법을 가장 효과적으로 익히려면 섞어서 배워야 한다. 한 가지 도형에 대해서 집중적으로 문제를 풀고 다른 도형으로 넘어가는 방식으로 배우면 도형의 넓이가 어떤 원리로 구해지는지 깨우치기 어렵다. 밑변의 길이와 높이를 이용하는 삼각형의 넓이 구하기 공식과, 가로와 세로 길이를 이용하는 사각형의 넓이를 구하는 방법, 윗변에 아랫변을 더해서 거기에 높이를 곱하는 사다리꼴의 넓이를 구하는 공식이 모두 동일한 원리에 기반한다는 사실을 깨닫기 위해서는 이들을 섞어서 풀어보는 것이 좋다.

이렇게 교차연습을 하면 실전에도 강해진다. 시험을 볼 때나 배운 것을 실생활에서 써야 할 때는 순서에 맞추어 공부한 대로 상황이 벌어지지 않는다. 다양한 유형의 문제를 섞어서 풀어야 유형이라는 틀에 꿰어맞추려다가 틀리는 일이 줄어든다. 또한 여러 유형의 문제가 뒤섞여서 나오는 실제 시험에서 당황하지 않게 된다.

자기 공부 모니터링하기

자신의 능력과 실력을 알고 있어야 효과적으로 공부 계획을 세우고 실천할 수 있다. 자신을 잘 안다는 것은 결코 쉬운 일이 아니다. 다중지능이론에서도 자기 성찰을 하나의 능력으로 간주한다. 자신을 잘 알려면, 당연한 얘기지만 자기 행동을 스스로 돌아보는 일부터 시작해야 한다. 그래서 나는 아이들에게 이 질문을 자주 던진다. "지난 한 주간 네 생활을 돌아보고 점수를 준다면 10점 만점에 몇 점을 줄 수 있니?" 익숙하지 않은 질문에 처음에는 머뭇거리지만 이내 7점이니 8.5점이니 제법 세밀하게 자신의 상태를 평가한다. 다른 사람이 관찰해서 매긴 점수가 아니라 스스로 느낀 점수라는 것이 중요하다.

"지난 일주일간 네가 느낀 행복감은 몇 점이야?" 이것도 많이 하는 질문이다. 자신의 상태에 대해서 잘 알고 있는 아이는 고쳐야 할 점이 무엇인지도 잘 안다. 그래서 변화도 빠르다.

공부도 마찬가지라고 생각한다. 공부를 시작하기 전에 현재 자신의 상태를 정확하게 알아야 무엇을 얼마나 더 할지, 그리고 그것을 하는 데 시간이 얼마나 걸릴지 가늠할 수 있다. 그런데 자기주도학습이 잘 안 되는 아이들은 목표 달성을 위해서 지금 무엇을 얼마나 더 해야 하는지, 그 공부를 하는 데 시간이 얼마나 걸릴지 잘

가늠하지 못한다. 특히 자신의 학습 효율성에 대한 평가가 안 되는 경우가 많은데, 제대로 공부해본 경험이 없어서 그렇다. 주어진 시간 동안 공부를 얼마나 할 수 있을지 모르니까 대개는 무리한 계획을 세운다. 무리한 계획은 실패로 이어지기 쉽고, 그 결과 '역시 나는 안 돼'라는 자포자기 심리에 놓이게 된다.

공부를 하면서도 모니터링은 계속되어야 한다. 방금 읽은 내용이 무엇이었는지, 이 단원을 공부한 결과로 무엇을 알게 되었는지, 이 문제를 풀어서 얻은 것이 무엇인지 등 공부하는 도중에 잠깐씩 짬을 내서 새로운 지식이 이전 지식들과 통합되고 있는지 체크해보았으면 한다.

나는 무엇이 부족한가?

모 방송사에서 학교 성적이 좋은 아이들과 성적이 중간 이하인 아이들로 그룹을 나누어서 학습 관련 실험을 했다. 두 그룹의 아이들에게 단어 목록을 외우게 하고 시험을 보았는데, 시험 결과를 알려주기 전에 자신이 몇 개나 맞혔을 것 같은지 예상해보게 하는 실험이었다. 성적이 좋은 그룹은 스스로 예측했던 점수와 동일하거나 비슷한 점수를 받은 반면, 성적이 중간 이하인 그룹은 예측 점수와 차이가 많이 났다. 이 실험 결과가 말해주는 것은 무엇일까? 연구자는 실험 결과를 바탕으로, 공부를 잘하는 아이들은 그렇지 못한 아이들보다 자신의 학습 능력을 비교적 정확하게 알고 있다고 말했다. 자기 모니터링 능력과 학습 능력 간에 상관관계가 있다는 설명이 신선하게 다가왔던 기억이 난다.

내가 만났던, 학습 문제로 고민하는 아이들 중에도 자기 모니터링이 안 되는 아이들이 적지 않았다.

"주현아, 이제 곧 기말고사인데 영어는 어떻게 공부해야 할까?"
"열심히요."
"물론 열심히 해야지. 어떤 방법으로 열심히 할지 이야기해보자."
"음, 본문 외우고, 프린트 읽고 외우고, 문제집 풀고."
"그래. 그렇게 하면 잘 볼 수 있겠구나. 그런데 이거 다 하려면 시간이 얼마나 걸릴 것 같아?"
"음, 주말에 다할 수 있어요."
"몇 시간 걸릴까?"
"한 세 시간쯤?"

주현이는 학습 능력이 좋은 편이 아니었다. 내가 보기에는 시험범위를 빠짐없이 공부하려면 열 시간이 넘게 걸릴 것 같았다. 그런데도 주현이는 세 시간 만에 다 끝낼 수 있다고 생각했다. 지금까지 단 한 번도 계획한 대로 공부를 해본 경험이 없었기 때문에 제대로 예측하지 못하는 것이다. 그동안 주현이는 세 시간이면 다 끝낼 수 있다고 계획을 세워 놓고는 제 시간에 마치지 못하면 쉽게 포기해버렸다.

공부를 잘하려면 자신의 약점과 강점을 알고 있어야 한다. 특히 약점을 잘 파악해서 보완하면 빠른 시일 내에 효과를 볼 수 있다. 약점을 발견하기에 좋은 방법 중 하나가 시험지를 분석하는 것이다. 틀린 문제들을 꼼꼼히 체크해서 틀린 이유를 찾아보면 자신의 약점이 보인다. 암기가 불완전했는지, 이해를 못했는지, 기초지식이 부족했는지, 너무 긴장한 탓인지, 문제를 잘못 읽었는지 등 원인은 여러 가지가 있을 수 있다. 원인을 정확히 파악해서 다음 시험을 준비해야 부족한 부분을 보완하면서 차차 좋아질 수 있다. 그런데 대부분의 아이들은 시험이 끝난 뒤 시험지를 꼼꼼히 분석해 보지 않는다. 바로 쓰레기통에 버리는 아이들도 많다.

"지난 번 시험 때는 어떻게 준비했어?"
"학원에서 시켜서 본문 외우고, 프린트 한 번 읽어 보고 시험 봤는데, 점수는 별로 안 좋았어요."
"그때 시험 보고 나서 뭐가 문제라고 생각했니?"
"열심히 안 해서겠죠. 잘 모르겠어요. 생각해본 적 없어요."

아이들과 나누는 대화는 이런 식이었다. 안타깝게도 시험을 앞두고 무엇을, 어떻게, 얼마나 공부해야 할지 구체적으로 고민하고 계획을 세워 실천하는 아이들이 많지는 않다.

공부 시작하기 전과 공부를 마친 후 머릿속 지식 비교하기

공부를 하고 나면 달라지는 게 있어야 한다. 공부하기 전과 공부한 후에 달라진 게 없다면 헛공부를 한 것이라고 앞에서도 강조했다. 이 역시 자기 스스로 점검하는 과정이다.

"공부를 하기 전과 한 후에 네 머릿속에 들어 있는 지식이 어떻게 달라졌는지 생각해보자. 그리고 달라진 내용이 있으면 이야기해볼까?"

이 질문을 받으면 아이들은 곰곰이 생각하는 표정이 된다.

"사회 책을 읽기 전에는 서울이 우리나라의 수도가 된 이유를 생각해본 적이 없었는데, 책을 읽어보고 그 이유를 알게 되었어요. 서울 한복판에 한강이 흐르는 게 그 이유고, 강 때문에 교통이 편리해서 수도가 되었다는 걸 알았어요."

이렇게 이야기할 수 있으면 제대로 읽은 것이다.

누가 묻지 않아도 공부를 하고 나면 공부 후에 달라진 게 무엇인지 자신에게 질문을 해야 한다. 그래야 책을 읽거나 문제를 풀 때 분명한 목표를 갖고 능동적으로 사고하게 된다. 스스로 질문을 던지지 않으면 공부한 분량으로 그날의 공부를 평가하게 된다. 몇 쪽을 읽었다든지 몇 문제를 풀었다든지 하는 식이다. 책상에 앉아 있었던 시간이 길면 공부를 많이 한 것으로 마음을 푹 놓는 아이들도 있다. 공부를 스스로의 동기로 하지 않고 외부의 시선, 압박 때문에 하는 아이들은 공부한 분량, 책상에서 보낸 시간 등을 기준으로 자신의 학습에 변명거리를 주는데, 기대보다 낮은 점수를 받는 경우가 흔하다.

공부를 하기 전과 후의 머릿속을 비교할 때는 공부의 질을 평가해야 한다. 진짜 아는지 평가하게 되면, 얼렁뚱땅 많이 한 것 같은 착각은 용납되지 않는다. 이는 진짜 공부를 할 수 있게 만드는 서늘한 평가 방법이다.

진짜 공부의 기본은 뇌가 한 가지 일을 하게 만드는 것이다. 어릴 적 잘못 들인 공부 습관은 대학생이나 성인이 되더라도 갑자기 달라지기 어렵다. 요즘은 카페에 가보면 공부하는 사람들을 많이 보게 된다. 나도 글을 쓸 때 카페를 자주 이용하는데 얼마 전에는 중간고사 공부를 하는 대학생과 마주앉게 되었다. 그 학생은 자리에 앉은 지 30분쯤 지나자 친구와 전화 통화를 하기 시작했다. 통화 내용은 화장법, 옷차림 등 미용에 관한 것이었는데, 궁금해서 넘겨다 본 그 학생의 책은 노인복지에 관한 것이었다. 그 학생은 전화 통화를 하는 동안에도 쉬지 않고 책에 밑줄을 긋고 노트에 내용을 옮겨 쓰는 등 '열심히' 공부를 했다. 두 가지 일을 어쩌면 그렇게 완벽하게 병행할 수 있는지 신기할 정도로, 매끄럽게 통화하면서 쉬지 않고 볼펜을 굴렸다. 그렇게 한 시간여 통화를 한 후, 그 학생은 책을 덮으면서 친구에게 말했다.

"나, 시험공부 다 끝냈어. 책을 세 번이나 읽고 중요한 내용 정리도 다했어. 이제 뭐하지?"

통화를 하면서 책을 읽고 필기를 한 그 학생은 정말 시험을 잘 볼 수 있을까? 나는 오지랖 넓게 그 대학생이 걱정되기 시작했다. 정말 내용을 잘 숙지하고 있는지 책을 들고 물어봐주고 싶었다. 아니면 이렇게 묻고 싶었다.

"통화를 하면서 공부한 내용을 말해볼 수 있겠어요? 통화 중에 공부해서 새롭게 알게 된 내용이나 기억나는 내용이 있나요?"

적어도 전화 통화를 했던 한 시간 동안은 머릿속 지식의 형태가 별로 달라진 게 없을 것이 확실하다. 내가 시끄러워서 글을 쓸 수 없을 정도로 수다를 떨면서 밑줄을 긋고 노트에 옮겨 적은 내용들이 머릿속에 들어갔을까? 친구와의 통화가 건성이 아니었다면 머리에 공부가 들어갈 틈을 내지 못했을 것이다. 뇌는 한 번에 한 가지 일밖에 처리하지 못한다.

공부를 얼마나 했는지는 공부하기 전과 후의 머릿속 지식의 양과 질의 차이로 평가되어야 한다. 그래서 공부를 마치고 나면 항상 스스로에게 이 질문을 던져야 한다. "공부를 하기 전과 달라진 게 뭐지?" 그리고 가능하면 구체적으로 달라진 내용을 표현해봐야 한다. 이것이 가장 정확하고 엄정하게 자신의 공부 성과를 평가하는 방법이다. 그렇게 하면서 공부한 내용을 다시 한 번 상기해 볼 수 있으니까 덤으로 얻어지는 것도 크다.

4장

뇌과학이 알려주는 과목별 공부법

앞에서는 공부를 할 때 어떤 방법이 옳고 그른지 알아보았다. 이번에는 실전이다. 국어, 영어, 수학 외에도 사회와 과학 등 암기 과목으로 일컬어지는 교과목의 공부 방법을 구체적으로 소개하고 각 공부법에 대한 뇌과학적인 근거를 보충 설명했다.

무엇이 좋고 무엇이 나쁜지 알았다면 실제로 적용해봐야 한다. 그런데 막상 혼자서 해보려고 하면 자신이 없어서 주춤하게 된다. 그래서 과목별로 구체적인 교과 내용을 접목시켜서 내가 아이들과 실제로 해본 것들을 소개하려 한다. 앞의 내용이 잘 이해되지 않았다면 이번 장을 꼼꼼히 읽기 바란다. 읽으면서 사례 속의 그 학생이 된 듯한 상상을 해보면 이해가 더 잘될 것이다.

국어
: 비문학과 문학

하루아침에 이루어지는 공부는 없다. 모든 과목이 그렇다. 오랜 세월 아이가 어떤 환경에서 어떤 습관을 가지고 생활했는지가 아이의 학습 능력을 좌우한다. 국어가 특히 그렇다. 국어는 마음먹고 열심히 한다고 해서 단기간에 실력이 늘지는 않는다. 국어 능력은 아이의 종합적인 사고력과 문학적 감수성, 그리고 거기에 약간의 국어 지식이 보태져서 만들어진다.

국어가 사고력과 관계가 있다는 것을 이해하기 위해서는 언어 능력과 사고력의 관계를 살펴봐야 한다. 생각은 언어를 매개로 한다. 언어라는 도구가 없다면 복잡하고 정교한 생각을 어디에 담고 또 어떻게 발전시켜나갈 수 있겠는가? 간혹 생각은 떠오르는데 적당한 어휘를 못 찾아서 쩔쩔매는 아이를 본다. 이처럼 언어가 약해서 생각을 제대로 정리하거나 발전시키지 못하면 사고력 발달에도 문제가 생길 수 있다. 국어는 바로 그런 언어의 사용 능력을 갈고 닦는 교과목이다.

초등학교 때는 국어처럼 쉬운 과목이 없다. 생활 속에서 말과 글을 늘 다루기 때문에 아이들은 따로 공부를 하지 않아도 국어 시험에서 어지간한 점수를 받는다. 그런데 중학교부터는 국어가 조금씩 어려워지기 시작한다. 학년이 올라가면서 요구되는 언어 능력은 커지는데 아이들이 따라잡지 못하기 때문이다. 고등학교 국어 교과의 문학 등은 삶에 대한 깊은 이해와 공감력을 요구해서 준비되지 않은 많은 아이들을 좌절하게 만든다.

비문학: 단원명과 학습 목표를 먼저 읽기

유나는 고1 여학생이다. 수학과 과학을 좋아하고 영어도 웬만큼 하는데 국어가 제일 어렵다고 했다. 재미도 없고 어떻게 공부해야 할지 모르겠다며 걱정스러운 얼굴로 말했다. 유나의 국어 점수는 60점대로 반 평균을 밑도는 수준이었다.

> "저는 중학교 때부터 블로그 활동을 꾸준히 했어요. 일주일에 두세 번씩 글을 올려왔는데 글쓰기가 재미있어요. 읽을 줄 알고, 쓸 줄 알고, 말도 잘하는 편인데 왜 그 이상한 국어 문제들을 잘 맞혀야 하는 거예요?"

유나는 국어 시험에 유감이 많아 보였다. 중학교 때까지는 국어 점수가 80점대를 유지해서 특별히 못한다는 생각을 하지 않았는데, 고등학교에 올라와서 국어가 갑자기 확 어려워진 느낌이라고 했다.

자기 생각을 조리 있게 말하고 블로그에 글쓰기도 좋아하는 유나는 얼핏 보기에는 국어 능력이 발달된 아이 같았다. 그런데 왜 국어 점수는 낮은 걸까? 나는 유나에게 요즘 어떤 책을 읽고 있느냐고 물어보았다. 유나는 잠시 머뭇거리더니 초등학교 저학년 이후로 책을 재미있게 읽은 기억이 없다고 했다. “책을 안 읽어도 5, 6학년 때는 백일장에 나가면 상도 받았어요.” 유나가 책을 읽지 않는 게 문제가 되느냐면서 내게 했던 말이다.

자기 생각을 잘 말하고, 블로그에 올리는 글을 잘 쓰는 정도로는 좋은 평가를 받을 수 없는 게 고등학교 국어다. 이때부터는 어렵고 긴 글도 읽고 이해할 수 있어야 한다. 유나는 일상적인 언어 생활은 잘하고 있지만, 그 이상의 수준까지는 언어 능력이 발달하지 못한 상태였다. 비문학 장르의 글은 물론이고 고등학생이 읽어야 할 소설이나 시 같은 문학작품을 통 읽지 않아서 문학적 감수성도 부족한 편이었다. 독서를 통해 꾸준히 발전시켜나가지 않은 유나의 국어 능력은 중학교 저학년 수준에 머물러 있었다. 유나가 국어 시험에서 좋은 점수를 얻지 못하는 이유가 거기에 있었다.

유나가 국어를 잘하려면 지금부터라도 책 읽기에 취미를 붙이고 열심히 읽어야겠지만, 이렇게 해서 성과를 보려면 시간을 많이 써야하고, 또 독서에 취미를 붙이기까지 세심한 코칭이 필요할 수도 있다. 독서를 권하되 지금 바로 성과를 낼 수 있는 공부 방법을 알려주는 것도 필요하다는 생각으로 전략을 짰다.

'학교에서 배우는 내용을 성실하게 따라하기'라는 가장 기본적인 공부법을 가르치기로 하고 다음 시험 범위에 들어가는 단원을 하나 골라서 같이 공부했다. 이 과정을 통해서 '국어 공부는 이렇게 하는 거구나' 하고 유나가 배울 수 있기를 바랐다.

"국어 교과서는 꼼꼼히 읽고 있니?"

본문을 여러 번 읽고, 학습 활동도 빼 놓지 않고 하고 있는지 물어 보았다.

"아뇨. 교과서는 안 읽어요. 시험 보기 전에 인터넷 강의를 먼저 듣고 문제집을 한 번 풀어보는데, 별 도움은 안 되는 것 같아요."

"교과서만 잘 공부해도 많은 도움이 될 거야. 같이 해보자."

유나는 교과서 읽기를 통한 국어 공부를 처음 시작했다. 국어는 우리말이라 어쩐지 쉽다는 느낌이 들어서, 유나처럼 교과서를 소홀히 하는 학생들이 적지 않다.

"먼저 단원명을 소리 내서 읽어봐."

"비판적 듣기의 방법이요."

"비판적 듣기가 뭐지?"

"음, 비판적으로 듣기? 음, 비판하면서 듣긴가?"

"그러게, 뭘까? 비판적 듣기가. 학습 목표를 읽어 볼까?"

유나가 학습 목표 1을 읽었다.

"비판적 듣기의 개념과 방법을 이해한다."

"그렇구나. 이 단원을 공부하고 나면 비판적 듣기가 뭔지를 알아야 하는 거네. 학습 목표 2도 읽어 보자."

"상대방의 주장을 평가하며 들을 수 있다."

"무슨 뜻인지 알겠어?"

"네. 대강요."

단원명 : 비판적 듣기의 방법

학습 목표 : 1. 비판적 듣기의 개념과 방법을 이해한다.

2. 상대방의 주장을 평가하며 들을 수 있다.

비판적 듣기의 개념 :

비판적 듣기란 상대가 전달한 메시지를 평가하면서 듣는 것을 말한다. 토론, 협상, 판매 등 상대방을 설득하려는 목적을 가진 의사소통 상황에서 화자의 말을 맹목적으로 믿고 그대로 수용하는 것은 바람직하지 않다. 듣는 이의 생각, 신념, 행동 등을 변화시키기 위해서 하는 말은 언제나 옳은 것은 아니다. 그러므로 듣는 사람은 그 내용을 잘 평가하면서 들어야 한다.

학습 목표 다음에 나오는 '비판적 듣기의 개념'에 대한 설명을 읽다가 유나가 빙긋이 웃으며 혼잣말을 했다.

"아, 비판이 아니고 평가구나."

내용을 읽기 전에는 비판적 듣기를 '상대방의 말을 비판하면서 듣기'라고 생각했던 것 같다. 읽어나가기 전에 제목만 보고 어떤 내용일지 추측해 보는 방법은 읽을 때 집중력을 높일 수 있다는 점에서 아주 유용한 전략이다. "비판적 듣기가 뭐지?"라는 질문을 스스로에게 던지고 그 답을 찾아가면서 읽기 때문에 집중력이 높아진다. 계속해서 유나는 비판적으로 들으려면 어떻게 들어야 하는지 알아야겠다는 목표를 갖고 비판적 듣기의 방법을 마저 읽었다.

비판적 듣기의 방법 :

우리가 일상생활이나 여러 매체에서 듣는 정보에는 사실인 것도 있지만, 듣는 사람을 설득하려고 일부러 꾸며낸 것, 즉 사실이 아닌 것도 있다. 그러므로 상대의 말을 들을 때는 다음과 같은 방법을 사용하는 것이 효과적이다.

첫째, 내용의 신뢰성을 평가하면서 듣는다. 이것은 상대가 어떤 내용을 주장하기 위해 사용하는 정보나 자료가 믿을 만한지 판단하면서 듣는 것을 말한다.

둘째, 내용의 타당성을 평가하면서 듣는다. 이것은 주장과 근거가 이치에 맞는지 판단하면서 듣는 것을 말한다.

셋째, 내용의 공정성을 평가하면서 듣는다. 이것은 상대가 주장하는 바가 공평하고 정의로운지 판단하면서 듣는 것을 말한다.

교과서를 잘 읽었다면, 그다음은 학습 활동을 하면서 자신의 공부 상태를 점검해야 한다. 첫 번째 학습 활동은 '학습 목표 1. 비판적 듣기의 개념과 방법을 이해한다'가 잘 달성되었는지 확인하는 활동이었다. 이 활동을 하고 나서 유나는 비판적 읽기의 개념을 알게 되었고 방법에 대해서도 일목요연하게 정리가 되었다고 했다. 이처럼 유나는 교과서 읽기와 학습 활동을 번갈아 하면서 혼자 힘으로 한 단원의 공부를 마쳤다.

뇌과학 + 공부

공부를 시작하기 전에 단원명과 학습 목표를 읽는 것은 뇌에 준비를 시키는 것이다. 단원명을 읽어서 앞으로 무엇에 대한 공부를 하게 될지 추측하고, 학습 목표를 읽어서 도달할 목적지가 어딘지 미리 알려주면, 뇌는 효과적으로 그곳에 가는 전략을 세운다. 그리고 알고 있는 관련 지식들을 모두 깨워서 앞으로 공부할 내용을 이해하는 데 도움이 될 수 있도록 준비를 시킨다. '비판적 듣기의 개념과 방법을 이해한다'는 학습 목표를 읽는 순간, 뇌는 '비판적 듣기가 무슨 뜻이지?' '어떻게 읽으면 비판적 읽기가 되지?'라는 하위 질문을 스스로 만들고 그 답을 찾으려는 자세로 텍스트를 읽게 된다. 학습 목표를 읽는 데 쓰인 30초가 뇌를 깨우고 준비시켜서 학습 효율성을 크게 높일 수 있다.

교과서를 읽은 뒤 학습 활동을 하면, 내용 이해가 제대로 되었는지, 필요한 내용을 잘 기억하고 있는지 확인할 수 있어서 좋다. 즉각적인 피드백은 뇌로 들어간 정보가 정확한지 확인해서, 틀렸을 경우에 바로 수정하게 하므로 공부의 정확성을 높인다. 뿐만 아니라, 공부한 내용을 정리하면서 자연스럽게 복습하게 해주므로 기억을 오래 유지하는 데도 도움이 된다.

문학: 많이 읽어서 느껴보기

서준이는 중학교 3학년 남학생이다. 축구와 수영을 좋아하는 서준이는 나중에 소방관이나 경찰관이 되고 싶다고 했다. 서준이가 가장 싫어하는 과목은 수학이지만 국어도 잘하는 편은 아니었다. 수학은 문제집을 열심히 풀면 점수가 오르는데, 국어는 문제집을 풀어도 효과가 없어서 걱정이라고 했다. 중학교에 들어와서 국어 성적은 점점 떨어지고 있지만 뾰족한 수를 찾지 못하고 있었다.

"국어 공부 잘하는 방법 좀 가르쳐주세요. 특히 시요. 시는 어떻게 공부해야 할지 모르겠어요."

"시가 어렵지? 나도 잘 몰라. 시를 어떻게 공부해야 하는지."

뜻밖의 대답에 서준이는 어리둥절한 표정을 지었다.

"시가 네 마음에 와 닿아야 하는데, 어떻게 하면 그게 될 수 있을까?"

"마음에요? 시가요?"

이번에도 내 대답이 뜬구름 잡는 소리처럼 들리는지 대답 대신 반문을 했다.

"내 생각엔 말이다, 뾰족한 수가 없을 때는 시를 외웠으면 좋겠어. 외우려고 노력하면서 계속 읽는 거야."

"외워요? 학교에서도 외우라고는 안 하는데."

아이들은 외우라는 말에 이렇게 반감을 표시하는 경우가 많은데, 그럴 때마다 나는 물러서지 않는다.

서준이는 긴가민가한 표정을 지었지만 일단 해보자고 마음먹은 듯 새로운 국어 공부법을 받아들였다. 시뿐 아니라, 소설, 수필 등 교과서에 나오는 문학작품은 모두 여러 번 읽어보기로 했다. 시는 특히 소리를 내서 읽게 했다. 한 번, 두 번, 세 번 읽은 다음 책을 덮고 외워보기. 그리고 다시 네 번, 다섯 번 읽고 또 외워보고, 여섯 번 읽고 외워보기. 이렇게 열 번쯤 읽으면 처음에는 소극적이었던 아이도 열의를 갖고 시를 외우게 된다. 서준이도 그랬다.

외우기는 내가 고안한 시를 느끼게 하는 방법이다. 그냥 여러 번 읽으라고 하면 대개는 건성으로 읽는다. 대충 읽어서는 시인의 마음에 공감하기 어렵다. 외우려고 애쓸 때 시어 하나하나에 관심을 갖게 되고, 외우기 위해서 내용을 이해하려고 노력하기 시작한다. 시를 다 외우고 나면, 나는 이렇게 묻는다.

"어떠니? 외우기 전과 외운 후 시에 대한 느낌이 좀 달라졌니?"

"뭔가 느낌이 와요. 슬프고 안타까운 감정이 외우기 전보다 잘 느껴져요."

어려서부터 많이 읽고 느껴왔다면 이렇게까지 하지 않아도 되겠지만, 그게 안 된 아이들이 시를 제대로 읽고 싶다면 외워보기를 권한다. 외우면서 감상이 된다.

서준이가 외운 시, 한용운 님의 〈나룻배와 행인〉을 예로 들어 시를 외우면서 어떻게 시에 젖어드는지 설명해보겠다.

나룻배와 행인

한용운

1행 나는 나룻배

2 당신은 행인

3　당신은 흙발로 나를 짓밟습니다.

4　나는 당신을 안고 물을 건너갑니다.

5　나는 당신을 안으면 깊으나 옅으나 급한 여울이나 건너갑니다.

6　만일 당신이 아니 오시면 나는 바람을 쐬고 눈비를 맞으며 밤에서 낮까지 당신을 기다리고 있습니다.

7　당신은 물만 건너면 나를 돌아보지도 않고 가십니다 그려.

8　그러나 당신이 언제든지 오실 줄만은 알아요.

9　나는 당신을 기다리면서 날마다 날마다 낡아 갑니다.

10　나는 나룻배

11　당신은 행인

다음은 서준이가 3번 읽고 외워 본 내용이다. 별색 표시된 글씨는 원문과 다르게 외운 부분이다.

1행　나는 나룻배

2　당신은 행인

3　당신은 흙 묻은 발로 나를 짓밟고 갑니다.

4　나는 당신을 안고 물을 건넙니다.

5　나는 당신을 안으면 깊거나 얕은 곳(인가) 여… 뭐지? 건너갑니다.

6　하지만 당신이 아니 오시면 바람과 비를 맞으면서 밤이나 낮이나 당신을 기다립니다.

7　당신은 건너고 나면 다시는 나를 돌아보지도 않고 가십니다 그려.

8　그러나 당신이 오실 줄을 알어요.

9　(9행은 빼먹음)

10　나는 나룻배

11　당신은 행인

서준이가 시를 외우는 동안 어떻게 국어 공부가 되는지, 틀리게 외운 부분을 중심으로 살펴보자. 틀리는 것도 소중한 학습의 기회가 된다는 것을 알 수 있다.

3행의 '흙발로'를 '흙 묻은 발로'로 잘못 외웠다. 여기서 시는 설명적이지 않고 함축된 표현을 쓴다는 것을 배운다.

5행의 '깊으나 옅으나' '여울' 등을 제대로 기억하지 못했다. 이 실수를 통해 시를 쓸 때 언어를 어떻게 연마해서 쓰는지 배운다. 몰랐던 '여울'이란 단어의 뜻을 알게 되고 시의 내용을 한층 깊이 이해한다.

6행에서도 '만일'을 '하지만'으로 썼을 때 의미와 느낌이 어떻게 달라지는지 생각해볼 수 있는 기회가 된다.

7행과 8행의 틀린 부분을 확인하면서 의미는 비슷하지만 시적인 표현은 일상적인 표현과 어떻게 다른지 느낄 수 있다.

시를 외우는 것은 시인의 생각과 마음을 자신의 사고와 정서 체계에 깊숙이 넣어보는 효과를 갖는다. 내 것과 시인의 것을 겹쳐 봄으로써 시인의 정서를 제대로 느껴볼 수 있다. 시를 외우게 되면 인지 뇌뿐 아니라 정서 뇌도 같이 사용하게 되므로 제대로 된 국어 공부를 할 수 있다. 이렇게 한 번 시도하고 나면 다음번에는 좀 더 원문에 가깝게 외우게 된다.

아이들은 외우는 것을 싫어한다. 처음부터 외우라고 하지 말고 집중해서 한 번 읽어 보자고 하면서 시작하는 게 좋다. 두세 번 읽은 뒤 안 보고 외워보게 한다. 이때 부모님이 책을 보고 있다가 아이가 못 외우는 부분은 도와주면서 편안한 분위기를 만들어주는 게 중요하다. 한 번 더 읽게 하고 다시 외워보게 하고, 다시 한 번 더 읽고 외우게 하는 식으로 조금씩 암기를 해나가게 도우면 된다. 완벽하게 외울 필요도 없다. 내용을 생각하면서 반복해서 읽게 하는 게 목표다. 이렇게 자꾸 읽다 보면, 시의 내용을 이해하게 되고 저절로 감상이 된다.

소설도 마찬가지다. 여러 번 읽게 한다. 분량이 많은 글 읽기를 싫어하는 아이들은 소설 읽기도 싫어한다. 특히 남자 아이들은 이야기에 관심이 별로 없는 편이라서 더 그렇다. 그래도 읽어야 한다. 안 읽는 아이를 읽게 하는 좋은 방법은 같이 읽는 것이다. 아이가 소리 내서 읽고 엄마는 옆에서 듣는다. 듣고 있다가 아이가 읽는 것을 힘들어 하면(속도가 느려지거나, 자꾸 틀리게 읽거나 웅얼거리거나 하면) 엄마가 받아서 읽어준다. 그러다가 다시 아이에게 넘기는 방식으로 같이 읽으면 아이도 점점 집중하게 된다. 이해를 못 하는 부분은 중간 중간 설명도 곁들인다.

시험에서 틀린 문제 분석하기

기우는 중학교 2학년 남자아이이다. 책 읽는 것도 재미있다고 하고, 국어 수업도 집중해서 듣는다고 하는데, 국어 점수가 수학 점수보다 20점이나 낮았다. 무엇이 문제였을까? 이야기를 나누어보면 맥락에 안 맞는 말을 가끔씩 하지만, 걱정할 정도는 아니어서 대수롭지 않게 생각하고 넘겼다. 그런데 국어가 50점인 건 좀 심각하다는 생각이 들었다. 도대체 어떤 문제들을 틀리는 걸까? 나는 기우가 틀린 문제를 확인하고 분석해보고 싶어서 기말고사 시험지를 보자고 했다. 시험지를 살펴보니, 아래와 같은 이유들로 시험 문제의 절반을 틀리고 있었다.

1. 문제를 잘못 읽는 실수

이런 실수는 다른 아이들에게서도 종종 발견되는 것인데 기우는 좀 심했다. '적절하지 않은 것을 찾아라'를 '적절한 것을 찾아라'로 잘못 읽거나, '관계없는 것'을 '관계있는 것'으로 잘못 읽어서 여러 개의 답을 놓고 갈등하다가 오답 중 하나를 선택해서 틀린 문제가 세 개나 되었다. 이건 국어 실력과는 별개의 문제로 다루어야 했다.

2. 어휘력 부족

직접 어휘를 묻는 문제를 틀리기도 했고, 교과서 내용을 평소에 많이 읽지 않아서 본문 중에 나오는 어휘의 뜻을 몰라 지문을 잘못 이해해서 틀린 문제도 있었다. 평소에 책을 전혀 읽지 않는 기우의 어휘력은 초등학교 4~5학년 수준이었다. 자신의 나이에 맞게 끌어 올리려면 당장 책 읽기를 시작해야 했다.

3. 무딘 감수성

시에 관한 문제에서 아이의 무딘 감수성이 걸림돌이 되어 틀린 문제가 눈에 띄었다. 이 또한 시나 소설 등의 문학작품을 읽지 않아서 생긴 문제로 생각되었다. 수학과 과학을 좋아하는 기우는 타고난 기질도 문학을 이해하기에는 불리해 보였다. 실증적이고 실용적인 것들에 민감하게 반응하는 아이였다. 문학적 감수성이 무딘 아이가 갑자기 시를 읽고 느낌을 선명하게 잡아내기는 어려운 일이므로 많은 노력이 필요할 것 같았다. 앞에 소개한 서준이의 사례처럼 외워질 때까지 반복해서 읽는 방법으로 공부를 해야 했다.

4. 지문을 정확하게 읽지 않는 태도

글을 읽는 속도가 느린 아이들은 국어 시험지에 나오는 긴 지문을 다 읽지 않는다. 시간이 부족하기 때문이다. 그래서 대충 읽고 문제를 푸는 경우가 많은데 이런 태도가 오답을 쓰게 한다. 평소에 교과서를 많이 읽었다면 이 문제를 어느 정도 극복할 수 있었을 것이다.

기우는 위에 열거한 이유 외에도 문법 공부를 소홀히 해서 문법 문제를 모조리 틀리는 등 다양한 이유로 절반 이상을 틀렸다. 평소에 영어와 수학만 잘하면 된다는 생각으로 지내왔기 때문에, 국어 공부를 공들여 해본 적이 없었다. 국어를 소홀히 여기는 태도는 시험 시간까지 이어졌는데 기우는 국어 시험은 대충 본다고 말했다. 문제도 대충 읽고, 지문도 대충 읽고, 그래서 언제나 실수로 틀리는 문제가 두세 개씩은 꼭 나왔다. 국어를 대하는 태도의 문제, 독서량 부족 등 근본적인 원인에서부터 단순히 시험공부를 열심히 하지 않은 이유까지 50점이 채 안 되는 기우의 국어 점수를 설명할 만한 근거는 충분했다. 시험지를 분석하고 나니 낮은 점수의 원인이 파악되고, 어떻게 하면 국어 점수를 올릴 수 있는지도 알게 되었다.

먼저 국어가 중요한 과목임을 이해시키고, 국어 복습을 성실하게 실천하게 했다. 책을 안 읽어서 생긴 어휘력 부족과 작품을 감상하는 능력이 부족한 것은, 나아지려면 시간이 필요하다는 것도 알려주었다. 다양한 책 읽기로 어휘력을 늘리고, 문학작품을 읽어서 감상 능력도 키워보기로 했다. 다음은 기우가 시를 잘 이해하지 못해서 틀린 문제이다.

청포도

이육사

내 고장 칠월은
청포도가 익어 가는 시절.

이 마을 전설이 주저리주저리 열리고,
먼 데 하늘이 꿈꾸며 알알이 들어와 박혀,

하늘 밑 푸른 바다가 가슴을 열고
흰 돛단배가 곱게 밀려서 오면,
내가 바라는 손님은 고달픈 몸으로
청포(靑袍)를 입고 찾아온다고 했으니,

내 그를 맞아, 이 포도를 따 먹으면,
두 손은 함뿍 적셔도 좋으련.

아이야 우리 식탁엔 은쟁반에

하이얀 모시 수건을 마련해 두렴.

문제 위 시에 대한 설명으로 알맞은 것은?

① 같은 구조를 반복하여 운율을 형성했다.

② 사물을 의인화하여 감각적으로 표현하고 있다.

③ 평범한 사물을 보고 독창적인 생각을 하고 있다.

④ 평화롭고 풍요로운 미래 세계에 대한 소망을 노래하고 있다.

⑤ 시각적 심상과 청각적 심상을 활용하여 말하는 이가 꿈꾸는 세계의 모습을 나타내고 있다.

답은 ④번이다. 기우는 ⑤번을 선택해서 틀렸다. 시각적 심상, 청각적 심상이 무엇인지 몰랐다고 한다. 그러면서 어디에 평화롭고 풍요로운 세계에 대한 소망이 나타나 있느냐고 물었다. 기우에게 시각적 심상과 청각적 심상에 대한 지식이 부족한 것과, 시인의 정서에 공감하지 못한 것이 이 문제를 틀린 원인이었다. 나는 기우한테 시의 의미를 생각하면서 여러 번 읽으라고만 했다. 여러 번 읽어 본 뒤에도 왜 답이 ④번인지 모르겠으면 그때 다시 이야기를 나누기로 했다. 기우가 소리 내어 세 번을 읽었을 때 내가 물었다.

"어떤 느낌이 들어?"

"아련한 느낌이요."

"아련한 느낌하고 또? 두 가지만 더 말해봐."

"평화로움? 기다림? 아련하지만 평화로운 느낌이 들어요."

"그러면 이제 답이 ④번인 이유를 조금은 알겠구나. 그런 평화로운 세상을 기다리는 마음을 노래한 시야."

점수가 나쁠 때는 이처럼 시험지를 분석해봐야 한다. 시험은 얼마나 성취했는지 알아보는 동시에 부족한 부분을 진단해준다. 특히 틀린 부분에 집중해서, 왜 틀렸는지 알아야 결함을 메우는 노력을 제대로 할 수 있다. 하지만 문학작품을 읽고 작가의 정서에 공감하는 일 등의 노력은 그 결과가 많은 시간이 지난 후에 나타나기도 한다. 아이들이 국어 공부를 막막해 하는 이유 중 하나다.

영어
: 단어 암기와 문법

영어 공부는 국어에 비하면 오히려 간단한 편이다. 국어 교과가 모국어를 매개로 고차원적인 사고를 이해하고 표현하는 것을 목표로 한다면, 영어 교과에서 기대하는 사고력은 그보다는 낮은 수준이다. 영미 문학작품을 술술 읽고 영어로 된 난해한 철학 서적을 이해하는 것을 목표로 하지 않는다는 것이다.

그럼에도 불구하고 영어를 잘하기 위해서는 국어 능력이 받쳐줘야 한다. 국어와 영어 모두 생각을 실어 나르는 언어이므로, 국어로 쌓은 언어 실력이 영어에도 통한다. 그리고 영어를 외국어로 쓰는 우리나라에서는 대부분의 사람들이 영어로 말을 하거나 글을 쓸 때 한국어로 생각한 것을 영어로 옮기는 방식으로 표현한다. 따라서 영어를 잘하려면 국어가 다리를 튼튼하게 놓아주어야 한다. 국어 어휘력이 부족하거나 문장 이해력이 떨어지면 부실한 다리가 되어 이 둘 사이를 원활하게 연결해주지 못한다.

부모가 영어 공부에 욕심을 내서 어린 나이에 유학을 보내면, 그 시기에 배워야 할 모국어가 충분히 발달하지 못한다. 나중에 공부하는 데 장애물이 되고, 심지어 영어 공부를 하는 데도 걸림돌이 될 수 있다. 상담을 하면서 이런 아이들을 여럿 만났다. 초등학교 때 외국에 나가서 2~3년씩 살다 돌아온 이 아이들은 국어가 어렵다고 했다. 시험을 보면 국어 점수가 70점 정도이고, 영어는 90점 이상 받는다. 국어 때문에 고민하는 아이와는 달리 부모님의 관심사는 오직 영어 점수다. 왜 100점을 못 받아오지? 그러다가 고등학생이 되면 국어의 중요성을 깨닫는다. 국어 실력이 향상되지 않으면 영어 점수가 오르기 어렵다는 것을 그제야 알게 된다.

"영어를 잘하려면 어떻게 해야 하나요?"라고 누가 물어 오면, 나는 "영어를 쓰는 나라에 가서 살다 오세요" 하고 대답한다. 물론 진지한 대화는 아니다. 하지만 틀린 말도 아니다. 무책임해 보이지만 맞는 말이다. 문제는 우리 대부분이 그럴 수 없는 처지이고, 그런데도 영어를 잘하고 싶은 마음이 간절하다는 것이다.

영어를 공부해야 하는 이유를 아이들에게 설명하기는 다른 교과보다 쉽다. "수학 공부를 왜 해야 하나요?"라는 질문에 답하려면 많은 이야기를 해야 한다. 그러나 영어를 왜 잘해야 하는지는 아이들도 훤히 알고 있다. 우리가 원하든 원하지 않든 세계와 소통을 해야 하는 시대가 이미 열렸고, 영어라는 도구를 장착하지 않으면 그 대열에 끼기 어렵게 되었다. 이를 이해시키는 일은 어렵지 않다. 영어 학습동기는 갖추어진 셈이다. 그런데 앞서 말했듯이 경험 속에서 반복적으로 자극에 노출되어 자연스럽게 습득해야 하는 외국어를 교실에 앉아서 쓰고 외우면서 배워야 하니 갑갑할 수밖에 없다.

영어 읽기를 잘하려면 많이 읽어야 한다. 읽으면서 단어를 외우고 문법을 공부한다면 '일거삼득'이 될 것이다. 나는 아이들에게 자신의 수준에 맞는 글을 계속 읽어나가면서 새로운 단어가 나올 때마다 외우라고 적극적으로 권한다. 또 기본적인 문법 공부를 한 상태에서 글을 읽는 게 좋은데, 읽다 보면 해석이 안 되는 문장을 만나게 될 것이다. 이때 문법 책을 펼쳐서 그 부분을 집중적으로 공부하면 문법 공부의 완성도가 높아진다. 국어와 마찬가지로 읽고, 내용을 이해하고, 요약하는 연습을 꾸준히 하면 된다. 단어 따로 문법 따로 공부하는 것보다, 영어 지문을 읽으면서 단어와 문법을 교차학습 하기를 권한다.

말하기와 듣기는 따로 떼어서 생각할 수 없는 영역이다. 말하기는 잘하는데 듣기를 못 한다면 대화를 할 수 없다. 반대도 마찬가지다. 말하기와 듣기 모두 외국인과 대화를 나눠보는 것보다 효과적인 방법은 없다. 그런데 교실만 벗어나면 어디에도 영어가 존재하지 않는 우리나라에서 영어로 듣고 말하기를 잘하기란 참 어렵다. 그래서 나는 원어민의 발음을 들을 수 있는 오디오북을 이용해서 공부하라고 권한다. 듣고 따라 읽으며 반복해서 연습하는 것이 현실적인 대안이다. 특히 들으면서 따라 읽다 보면 영어가 입에 붙어서, 외국어로 말할 상황이 닥쳤을 때 쉽게 말이 나온다.

고민맘

선생님, 저는 정말 이해가 안 돼요.
국어는 우리말인데, 왜 이렇게 국어 점수가 안 나올까요?

뇌의 힘

어머니는 영어를 잘하시는데 책을 읽을 때는 원서와 번역본 중에 어느 쪽을 선호하세요?

고민맘

그야 물론 우리말로 번역된 책이죠.
술술 읽히는 우리말 책이 있는데 굳이 머리 아프게 원서를 읽을 필요가 있나요?

뇌의 힘

그 차이입니다. 우리말은 정말 자연스럽지요. 그래서 이해하기도 표현하기도 너무 쉽게 느껴지지만 사고의 수준이 매우 높아질 수 있습니다. 고등 국어에서는 철학, 예술, 경제, 과학 등 고급 사고 과정을 다뤄요. 오히려 영어는 외국어라 우리의 이해에 한계가 있으니까 시험이 요구하는 사고 수준은 국어 교과보다 낮은 편이에요.

외국어 공부의 기본은 어휘력이다. 일단 단어의 뜻을 알아야 듣고 읽고 쓰고 말할 수 있으니 단어를 많이 외워야 한다. 집을 짓기 위해서 벽돌을 준비하듯이 외국어를 잘하고 싶다면 단어를 많이 외워둬야 한다. 하지만 아이의 수준을 넘어서는 어려운 단어를 마구잡이 식으로 외우는 것은 좋지 않다. 단어를 담아둘 만큼의 사고력이 발달되어 있지 않으면 금세 잊게 된다. 지금 듣고 읽고 쓰고 말하는 데 필요한 단어를 외워야 오래 기억할 수 있다.

"단어 외우기 싫어요. 초등학교 때 학원에서 매일 백 개씩 외웠는데 지금은 하나도 기억이 안 나요. 어차피 다 잊어버릴 건데 뭣 하러 고생해서 외워요? 그냥 사전 찾으면서 해석하면 안 돼요? 요즘은 번역기도 좋은 게 많이 나와서 우리말을 쓰고 번역기 켜면 다 알아서 바꿔던데요."

이렇게 그간의 어려움을 밝힌 중학교 2학년 은수는 영어학원을 끊고 혼자서 해보기로 했다. 학원 다니면서 단어를 외우느라 고생이 심했던 은수는 단어를 외우지 않고도 영어를 잘하는 방법을 누가 발명해주면 나중에 돈 벌어서 전 재산의 절반을 주겠다고 했다. 이런 아이에게 당분간은 단어 외우라는 주문을 해서는 안 될 것 같았다. 그냥 영어로 된 재미있는 책을 사전 찾아가면서 읽기로 하고 즐거운 마음으로 시작했다.

은수는 평소에 읽고 싶었던 영어 책을 선택했다. 읽다 보니 같은 단어가 반복해서 나왔는데, 사전을 다시 찾는 번거로움을 피하려고 그 단어의 뜻을 책 한쪽 귀퉁이에 써놓기 시작했다. 그렇게 한 권을 다 읽고 나니 반복해서 나온 단어들은 자연스럽게 외우게 되었다. 그리고 알 듯 말 듯한 단어도 많이 생겼는데, 몇 번 보기는 했지만 외우지는 못한 단어들이었다. 은수는 그 단어들을 따로 정리해서 외우겠다고 말했다. 외워두면 다음 책을 읽을 때 사전을 덜 찾아도 될 것 같다는 계산에서 스스로 결정한 일이었다. 이렇게 자연스럽게 단어 외우기가 시작되었고, 나는 라이트너 박스를 활용해서 외우는 방법을 가르쳐주었다.(3장 '라이트너 박스를 활용하기' 참고, 155쪽)

모든 공부가 그렇듯이 영어 단어 외우기도 학습자 스스로 필요를 느끼게 되는 순간, 학습 효과가 가장 크다. 뇌가 필요하다고 느껴야 적극적으로 배우려들기 때문이다. 언제 쓰일지도 모를 단어를 백 개, 2백 개씩 외우게 하면 아이들은 공부가 아닌 노동으로 받아들인다. 그렇게 외운 단어는 곧 잊힌다. 은수가 영어 책 한 권을 다 읽고도 단어를 외울 생각을 하지 않았다면, 나는 더 기다렸을 것이다. '단어를 외우는 게 편리하구나'하고 스스로 느낄 때까지.

그렇게 일 년 가량 꾸준히 책을 읽은 덕에 은수는 챕터북, 과학 잡지 등 열 권 이상의 영어 책을 읽었다. 그동안 단어 실력이 부쩍 성장한 것은 덤이었다. 그 덕분에 학교 영어 시간에 친구들이 잘 모르는 단어를 혼자서 맞히는 짜릿한 기분을 느꼈다고 했다. 억지로 외운 단어가 아니라, 재미있는 책을 읽으면서 뜻이 궁금해 찾아보고 외운 단어들이라 시간이 지나도 생각이 잘 난다고 했다. 동기부여는 매우 중요한 학습 준비다. 상담을 마무리할 때쯤 은수는 "단어를 안 외우고도 영어를 잘할 수 있는 방법이 어디 있겠어요?" 하면서 익살을 떨었다.

• 간격을 두고 반복해서 읽자

이번 사례는 영어 지문을 반복해서 읽고 문장에 익숙해진 경우다. 경서네 학교에서는 모의고사에 나왔던 지문 중 40개를 골라 시험에 출제하고 있었다. 지문에 나오는 문장의 순서를 바꾸고 바로잡게 하거나, 일부러 틀린 문장을 섞어서 제시하고 가려내는 식으로 문제가 나오기 때문에 학생들이 스트레스를 많이 받았다. 많이 읽어서 익숙해져야 풀 수 있는 문제들이었고 선생님도 그걸 기대하고 문제를 출제하는 것 같았다.

외국어를 공부하는 방법 중에 하나가 많이 읽어서 표현들을 몸에 익히는 것이니, 시험이 좀 단순해 보이긴 하지만 좋은 방법이라고 생각했다. 경서는 지난번 시험 준비를 하면서 시험 하루 전에 모든 지문을 다섯 번씩 읽었다고 했다. 그런데 양이 많아서 대부분 기억이 나지 않았고 문제의 반도 못 맞혔다고 했다.

다음 시험까지는 2주가 남았으니 시간은 충분해 보였다. 그래서 나는 '간격을 두고 공부하기' 방법을 적용해서 지문 외우기에 도전해보자고 권했다. 방법은 간단했다. '40개의 지문을 매일 한 번씩 집중해서 읽기'가 전부다. 그렇게 2주간 하루도 거르지 않고 지문을 소리 내서 읽는 것이다. 40개 지문을 연달아 읽다 보면, 집중력이 흐려질 수 있으니 중간에 한두 번 휴식하기로 했다. "건성으로 읽어서는 안돼. 읽으면서 무슨 뜻인지 이해할 수 있어야 해." 이것이 내가 힘주어 당부한 말의 전부다.

첫째 날에는 1번 지문부터 읽었다면 둘째 날에는 40번 지문부터 읽어서 앞 순서에 읽은 지문만 기억을 잘하는 불균형을 피하기로 했다. 귀찮다고 하루에 두 번 읽고 다음날은 건너뛰는 식으로 해서는 절대로 안 된다. 간격 두고 읽기를 제대로 하려면, 꾸준히 정해진 규칙대로 따라해야 한다.

첫날 40개 지문을 읽고 하룻밤을 자면, 읽은 내용에 대한 기억이 흐릿해진다. 그런 상태에서 둘째 날에 같은 지문을 읽으면 지문 중 일부가 어렴풋이 기억날 것이다. 그리고 다시 하룻밤을 자면서 잊어버리고, 그 상태로 다시 읽으면서 재인(recognition)을 하고, 잊어버리고, 재인하고. 이렇게 14일 동안 반복하면 40개의 지문이 어느 정도는 외워질 것이라는 게 나의 가설이었다.

그런데 경서는 내가 알려준 방식대로 공부를 해서 진짜로 좋은 성과를 얻었다. 경서는 놀랍다는 표정으로 이렇게 말했다.

"반복해서 읽기만 했는데 문장의 순서가 바뀐 것, 빈칸에 들어갈 단어가 기억났어요. 어떻게 그럴 수가 있죠?"

경서는 분사가 들어갈 자리에 to-부정사가 들어가 있는 것을 정확히 감지했다고 한다. 문법적인 분석조차 불필요했다.

선주 역시 영어 문장 외우기로 곤혹스러워하는 아이였다. 선주네 학교에서는 영어 지문 다섯 개를 외워서 발표하는 수행평가를 매주 실시하고 있었다. 열 줄 내외로 이루어진 짧은 지문이지만 외국어 지문을 외우는 일은 쉽지 않아 보였다. 선주는 수행평가가 있기 전날은 영어 외우기에만 매달리는데도 시험은 잘 치지 못한다고 했다. 다 외웠다 생각하고 다른 일을 하다가 다시 외워보려고 하면 생각이 안 난다면서 어떻게 하면 잘 외울 수 있느냐고 물었다. 문제는 '시험 전날에 줄곧 영어 외우기에만 매달리는' 공부 방법에 있었다.

"평가 전날에 몰아쳐서 열 번 읽지 말고, 하루에 두 번씩만 읽어 보자. 아침에 한 번 읽고 저녁에 다시 한 번 읽는 거야. 물론, 읽을 때는 초집중해서 읽어야 해. 이렇게 5일 동안 읽고 시험을 보면 예전보다 긴장도 덜 되고 훨씬 잘 외워질 거야."

고민하는 선주에게 간격 두고 반복하기 방법을 권했다. 아침에 연거푸 두 번 읽는다면 두 번째 읽을 때는 첫 번째만큼 주의 집중이 되지 않을 수 있다. 연달아 읽으면 생각 없는 반복이 될 수 있기 때문이다. 그런데 두 번째 읽기를 저녁에 하면 아침에 읽은 내용이 머리에서 약간 지워진 상태에서 다시 읽게 되므로, 부분 부분 새롭게 읽는 느낌이 들 것이다. 또 기억나는 대목이 나오면 반가운 마음에 순간 집중력이 확 올라가기도 한다. 이렇게 읽으면 연거푸 읽었을 때는 얻지 못하는 이득을 얻을 수 있다. 간격을 두고 읽음으로써 어떤 내용에 대해서는 친숙함을, 어떤 내용에 대해서는 새로움을 느낄 수 있는데 친숙함과 새로움은 둘 다 기억력을 높이는 데 좋은 속성이다.

다음 수행평가에서 선주는 간격 두고 반복하기의 효과를 톡톡히 보았다. 마음속으로는 처음 시도하는 거라 불안이 가득했다고 한다. '이렇게 한 번씩 띄엄띄엄 읽어서 과연 외울 수 있을까' 하는 마음에 아침에 두 번, 저녁에 두 번씩 읽었노라고 고백했다. 어쨌거나 시험 전날에 몰아서 외우는 대신에 닷새간 조금씩 꾸준히 읽어가기를 잘 실천한 셈이었다. 결과는 기대를 훌쩍 뛰어넘었다.

"안 외워질 줄 알았는데 3일 동안 읽고 나니까 내용이 많이 생각났어요. 그래서 그때부터 마음이 놓였어요. 앞으로는 다른 과목을 공부할 때도 이 방법을 써보려고요."

뇌과학
+
공부

시험 전날에 지문 40개를 몰아서 읽고 외우는 집중연습보다 매일매일 조금씩 공부하는 간격두기 방식이 유리한 까닭은 무엇일까? 새로운 지식을 장기기억에 새겨 넣으려면 통합의 과정이 필요하기 때문이다. 40개 지문을 한 번만 읽으면 기억 흔적이 흐릿하게 남을 것이다. 그 다음날 다시 읽을 때는 기억 흔적이 더 흐릿해져서 가까스로 애써야 어제 읽은 것이 떠올려진다. 14일간 이렇게 기억을 되살리기 위해서 반복해서 머리를 쓰는 시간이 이어지면 그것들이 모여서 탄탄한 기억으로 자리잡게 된다.

시간을 길게 잡고 공부하면 기억에 유리한 이유는 또 있다. 지문을 읽고 나면 평소 관심을 가졌거나, 이미 알고 있었던 사실과 관련 있는 내용들은 기억에 남을 것이다. 이런 상태로 하룻밤이 지나면 새롭게 알게 된 내용과 이미 알고 있는 내용이 잘 통합되어 시냅스망 속에 자리를 잡게 된다. 그렇게 해서 기억의 흔적을 더 강화시킬 수 있다.

문법: 문장 해석하며 익히기

문법은 영어를 구조적으로 이해하면서 배우기 위해 필요하다. 자연스럽게 배워야 할 언어의 구조를 일일이 외우고 적용하면서 공부해야 하니 어렵게 느껴진다. 모국어 문법이 엄마 어깨 너머로 자연스럽게 배우는 된장찌개 끓이는 법이라면, 영어 문법은 책이나 요리학원에서 배워야 하는 프랑스 요리의 레시피 같다. 먹어본 적이 없는 프랑스 요리의 레시피를 외우는 것과, 문장의 5형식부터 관계대명사, 가정법에 이르기까지 문법 책 한 권을 단기간에 독파하는 것이 비슷하다는 생각이 든다. 낯선 것일수록 구조에 살을 붙여봐야 제대로 공부가 된다. 문장을 해석하거나 글을 쓰면서 그때그때 필요한 문법 요소를 공부한다면 이해가 잘되고 오래 기억될 것이다. 본문을 읽고 해석하면서 필요한 문법을 조금씩 배워나가는 학교 영어 수업 방식도 효과적이라고 생각한다.

읽을 수 있고 들을 수 있는, 생활영어 수준의 말을 할 수 있는 실력은 시간을 들여서 꾸준히 노력하면 누구나 도달할 수 있다. 그런데 이 정도 수준에 오른 아이들도 문법적으로 엄정하게 맞고 틀린 문장을 골라내야 할 때는 어려움을 느낀다. 문법은 읽고 쓰고 말하는 데 필요한 규칙을 정리해 놓은 것이다. 그러나 논리적으로는 문법을 모르면 해석할 수 없고 말도 못 해야 하지만, 실제로는 그렇지 않다. 언어는 논리로 배우기보다 모방으로 배우는 게 더 많기 때문이다. 우리말은 말하고 읽고 쓰기를 잘하는 아이들도 국어 문법 공부는 어려워한다.

초등학생 때 2년간 캐나다에서 유학을 한 주원이는 한국에 오면 영어만큼은 잘할 자신이 있었다고 한다. 2년간 영어로 말하고 듣고 읽고 쓰면서 공부했으니 자신감을 갖는 게 당연했다. 중학교에 들어와서 시험을 보면 한두 문제씩 틀리기는 했지만, 영어가 어렵다고 생각한 적은 단 한 번도 없었다. 그런데 고등학교에 들어와서부터 영어가 두려워지기 시작했다. 유학의 힘만 믿고 영어 공부를 소홀히 한 게 가장 큰 문제였다. 초등학교 때 배운 영어는 초등학생 수준의 영어였기 때문에 더 이상 위력을 발휘할 수 없다는 점을 좀 더 빨리 깨달았어야 했다.

주원이는 캐나다의 현지 초등학교에서 영어가 모국어인 아이들과 함께 배웠기 때문에, 외국인으로서 체계적으로 익혀야 하는 문법을 제대로 배우지 못했다. 그래서 문법 문제를 자꾸 틀렸다. 또 유학 시절에는 초등 수준의 쉬운 문장만을 다뤘기 때문에 그 수준을 뛰어넘는 복잡한 구조의 문장을 만나면 해석이 잘 안 되었다. 나는 주원이에게 문법을 따로 떼어서 공부하지 말고 복잡한 문법 요소를 가진 문장을 해석하면서 공부하라고 권했다. 문법이 사용되는 곳에서 문법 공부를 하는 것이다. 아래 예는 주원이가 실제로 공부한 문장들이다.

If I were in your shoes, I would try to finish the assignment on time.

If I had enough money, I could buy the latest electronic English dictionary.

If you saw one of your friends cheating on an exam, would you tell the teacher about it?

If I were to be young again, I'd like to be an actress.

If you were to come with us, I'm sure she would be very happy.

Were I President, I would try to make my country more prosperous.

주원이는 이 문장을 정확하게 해석하는 것을 목표로 잡았다. 'If you were'로 시작되는 문장을 어떻게 해석하는지 알기 위해서 동일한 형태의 문장을 반복해서 해석했다. 이것이 내가 권하는 문법 공부의 첫 번째 단계이다. '이런 문장은 이렇게 해석된다'를 안 뒤에 아래와 같이 정리된 문법 내용을 공부하는 것이 효과적이다.

가정법 과거:

현재의 사실과 반대로 상상하거나 현재나 미래에 실현가능성이 희박한 일을 상상할 때 가정법 과거로 표현한다.

If+S+동사과거형[were]~, S+조동사 과거형+동사원형: 만약 ~라면, ~할 텐데

실제로 주원이는 낯선 문장을 익숙해질 때까지 반복해서 해석하는 방식으로 문법 공부를 했다. 그 결과, 문법 지식을 바로 해석에 적용할 수 있게 되었다. 주원이는 교재 한 권을 반복해서 공부하기로 했다. 까다로운 문장을 한 번, 두 번, 세 번, 네 번 반복해서 해석하면서 어떤 형태의 문장이 어떤 의미를 나타내는지 이해하게 되었다. 반복하는 동안 중요한 표현을 외우는 덤도 얻었다. 해석이 틀린 문장은 따로 적어서 관리했다. 그 결과, 문법적으로 잘못된 문장을 보면, 뭔가 자연스럽지 않다는 느낌을 갖게 되었다. 많은 문장을 다뤄본 경험이 만들어준 직관일 것이다. 물론, 최고의 비법은 주원이가 인내심을 가지고 한 권의 교재를 네 번이나 반복해서 공부한 데 있다.

문법은 문법 문제를 풀기 위해서 배우는 게 아니라, 제대로 읽고 바른 문장을 쓰기 위해서 배운다. 그러니 읽는 문장 속에서 문법적인 요소를 찾아내서 그 부분을 어떻게 해석하는지 이해하면서 문법을 배우는 게 가장 이상적이다.

자전거 타기를 배우는 것에 빗대어 설명하면 이해가 쉽다. 자전거 타기를 배울 때 안장에 올라앉기, 페달 밟기, 핸들 조작하기를 따로따로 배운다면 어떻겠는가? 부분 동작을 완벽하게 마스터했다고 해서 바로 자전거를 잘 탈 수는 없을 것이다. 이보다는 안장에 올라타면서 중심을 잡기 위해 핸들을 틀어보고, 넘어지면서도 페달을 밟아 앞으로 나가는 시도를 반복해야 마침내 혼자 힘으로 자전거를 탈 수 있게 된다.

뇌는 궁극적으로 자전거를 잘 타는 것을 목표로 삼고 있기 때문에 각각의 과정을 적극적으로 연결시켜서 하나의 과정으로 통합한다. 영어 문법을 공부하는 이유가 영어로 말하고 듣고 읽고 쓰는 것이라면, 그 활동을 하면서 문법을 익혀야 한다. 그래야 제대로 써먹을 수 있다. 뇌는 자전거 타기와 영어 문법 공부를 똑같은 원리로 처리한다.

수학
: 개념과 수학적 사고력

아이들을 만나면서 학교 공부가 크게 수학 공부와 기타 과목 공부로 나뉜다는 것을 알았다. 아이들이 느끼는 공부에 대한 부담감과 공부를 하는 데 쓰는 시간을 기준으로 볼 때 그렇다는 것이다. 수학학원에 다니는 아이들은 일주일에 두세 번 학원에 가고, 갈 때마다 두세 시간씩 문제를 풀고 돌아온다. 집에 와서는 또 학원 숙제로 받아온 문제를 푼다. 시험 기간이 되면 모두가 수학 문제집을 푸느라 다른 공부를 할 시간이 부족하다고 말한다. 수학만 없으면 학교 다닐 맛이 나겠다는 아이도 있고, 중학교 2학년인데 벌써부터 수학을 포기하고 싶다고 말하는 아이도 있다. 심지어 수학을 못하면 다른 과목을 아무리 잘해도 공부를 잘하는 게 아니라고 생각하기도 한다. 사회 전체가 '수학병'을 앓고 있는 것 같다.

다른 과목은 학원에 안 보내도 수학만큼은 그럴 수 없다는 게 부모님들의 생각이다. 수학은 어려워서 혼자 공부할 수 없다고들 말한다. 그런데 절대로 그렇지 않다. 오히려 다른 어떤 과목보다도 혼자 공부해야 제대로 배울 수 있는 과목이 수학이다. '수학을 공부하는 방법은 오직 하나, 자기주도학습뿐입니다'라는 글을 읽고 나는 전율하지 않을 수 없었다. 수학 교육 전문가인 최수일 박사의 저서 《하루 30분 수학》에 나오는 내용으로, 내가 하고 싶었던 바로 그 말이었다.

수학은 누군가가 이미 해결해 놓은 결과를 배우는 교과가 아니라 스스로 해결하는 힘을 기르는 교과이다. 하나를 배우면 열을 해결할 수 있는 힘을 갖도록 공부해야 한다. 어떻게 공부하면 그런 힘을 기를 수 있을까? 이 질문에 대한 답이 수학 공부법의 핵심이다.

지금 대다수 아이들은 수학 공부를 어떻게 하고 있는가? 대개는 문제풀기로 시작해 정답과 맞춰보기로 끝이 난다. 그리고 문제를 풀기 위해서는 '반드시' 공식을 알아야 한다고 생각한다. 이런 식으로 공부하기 때문에 아이들은 새로운 단원이 시작되면 서둘러 공식부터 외운다. 기본적인 공식은 물론이고 문제가 변형되었을 때 적용하는 공식까지 철저히 외워둔다. 그러다 보니 외울 공식이 많고, 문제를 보면 어떤 공식을 적용해야 할지 기억을 더듬게 된다. 잘못된 공부법이다. 공식을 적용해서 문제를 풀더라도 공식이 만들어지기까지의 과정을 정확히 이해하고 있어야 하는데 대개는 복잡한 과정에는 관심이 없다. 수학자 중에는 공식에 익숙해져서 그 과정을 잊어버릴 것 같으면 한 번씩 의도적으로 공식 생성 과정을 복습해야 한다고 조언하는 사람도 있다.

개념에서 어떻게 공식이 만들어지는지 그 과정을 가장 친절하게 설명하고 있는 책은 교과서이다. 그러니 수학 공부를 할 때 문제집보다 교과서를 먼저 봐야 한다. 문제집 풀기, 그중에서도 쉬운 유형 풀이만 반복하면 안 되는 이유는 3장에서 밝혔으므로 여기서는 바람직한 수학 공부법에 대해서만 이야기하겠다.

내가 제안하는 수학 공부 방법은 크게 두 가지다. 개념을 제대로 공부하고 개념에서 출발하여 문제를 푸는 것과, 어려운 문제를 누구에게 묻지 않고 자신의 사고력에 의지해서 풀어내는 것이다. 결국 '혼자 힘으로 하라'는 것이다.

개념 익히기: 교과서 읽으면서 스스로 이해하기

승주는 해외주재원으로 발령 받은 아버지를 따라서 영국으로 이사할 계획이었다. 고등학교를 영국에서 다니게 된 것이다. 그때가 중학교 3학년 겨울방학이었는데 승주는 영국으로 가기 전에 자기주도학습을 배우고 싶다고 했다. 다행히 국어와 영어는 좋아하고 잘하는 편이어서 크게 걱정하지 않았다. 하지만 수학이 골칫거리였다. 중학교 3년 내내 수학 때문에 고생했다는 승주는 여전히 수학에 자신감이 없었다. 영국에서 고등학교를 마치면 한국에 돌아와서 대학에 진학하고 싶어 했는데, 그러기 위해서는 영국에 있는 동안 혼자서라도 수학을 공부해야 한다고 마음먹었다.

"수학을 혼자서 공부할 수 있나요?" 승주가 걱정스러운 표정으로 물었다. "물론이지." 나는 기다리던 질문이었다는 듯이 확신에 차서 대답했다. "얼마든지 가능해. 먼저 교과서로 시작해보자."

영국에 가면 누구에게도 기댈 수 없다는 절박감 때문인지, 승주는 놀라울 정도의 집중력으로 중학교 3학년 수학 책을 독파해나갔다. 교과서를 읽으면서 스스로 중요한 수학 개념을 이해하는 것이 내가 승주에게 제시한 과제였다. 고등학교 수학을 공부하기 전에 중학교 3학년 과정을 복습하는 게 필요하겠다는 생각에서였다. 교과서를 읽고 기본 문제를 풀어보면서, 개념을 이해했는지 확인하는 순서로 공부했다. 지금까지 한 번도 제대로 읽어본 적이 없는 수학 교과서를 읽으면서, 승주가 "여기에 설명이 다 나와 있네요"

하며 신기하다는 듯 말했다. 다음은 승주가 읽은 내용이다. 다소 긴 예문이지만, 승주의 공부 과정을 따라가는 것이 의미 있어서 인용해본다.

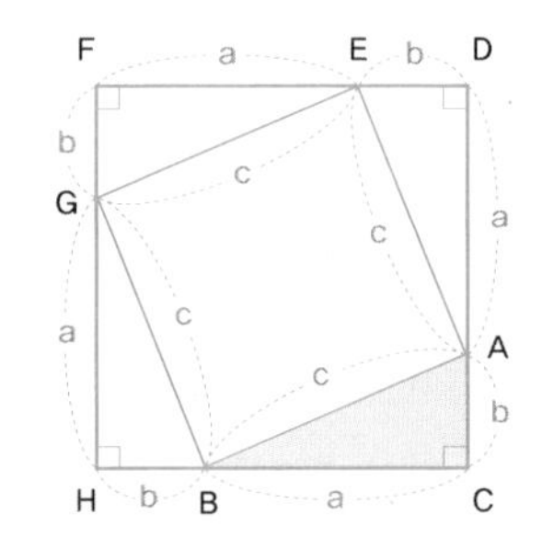

오른쪽 그림과 같이 삼각형 ABC와 합동인 직각삼각형을 이용하여 한 변의 길이가 a+b인 정사각형 CDFH를 만들면 사각형 AEGB는 네 변의 길이가 모두 c인 마름모이다. 그런데 ∠BAC + ∠EAD=90°이다. 따라서 사각형 AEGB는 정사각형이다.

한편, 정사각형 CDFH의 넓이는 정사각형 AEGB의 넓이와 합동인 네 개의 직각삼각형 ABC, EAD, GEF, BGH의 넓이의 합과 같다. 즉,

□CDFH=□AEGB+4×ΔABC

이므로

$(a+b)^2=c^2+4\times 1/2ab$

$a^2+2ab+b^2=c^2+2ab$

이다. 이것을 정리하면

$a^2+b^2=c^2$

이다.

즉, 직각삼각형에서 직각을 낀 두 변의 길이의 제곱의 합은 빗변의 길이의 제곱과 같다.

이와 같은 성질을 피타고라스의 정리라고 한다.

피타고라스의 정리

직각삼각형에서 직각을 낀 두 변의 길이를

각각 a, b라 하고,

빗변의 길이를 c라고 하면

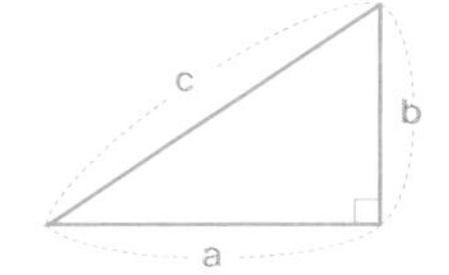

$$a^2+b^2=c^2$$

이 성립한다.

승주는 첫 부분을 읽을 때, 오른쪽에 나와 있는 두 개의 사각형 그림을 꼼꼼하게 짚으면서 읽었다. 특히 합동인 네 개의 직각삼각형 ABC, EAD, GEF, BGH 부분을 읽을 때는 연필로 삼각형 모양을 따라 그리면서 읽는 모습이 인상적이었다.

또 바깥쪽의 커다란 사각형의 넓이가 안쪽의 작은 사각형의 넓이에다가 네 개의 직각삼각형의 넓이를 더한 것과 같다는 것을 나타내는 식 '$(a+b)^2=c^2+4\times1/2ab$'를 읽을 때는 식의 의미를 생각하면서 매우 천천히 읽어나갔다. 그런 다음에 이 식을 일일이 전개하고 정리해서 최종적인 식 '$a^2+b^2=c^2$'을 얻어냈다. 이렇게 책을 따라 읽으면서 피타고라스 정리가 어떻게 해서 나온 것인지를 이해하고 난 뒤, 박스 속의 피타고라스 정리를 외웠다. 그리고 마지막에 예제를 풀었다.

책을 읽다가 이해가 안 되는 부분이 나오면 질문을 하기도 했는데, 나는 가능하면 답을 해주지 않고 책을 다시 한 번 읽어보게 했다. 오로지 책에 의지해서 수학을 이해하는 경험을 해보라고 그렇게 했다. 승주는 혼자 공부하는 게 생각보다 어렵지 않다면서 영국에 갈 때 중·고등학교 수학 교과서를 구해서 가지고 가야겠다고 했다.

“이렇게 하니까 수학을 제대로 공부하는 느낌이에요. 처음으로 수학이 재미있게 느껴지네요.”

승주가 나한테 남겨준 마지막 선물 같은 말이었다. 수학 교과서만큼 아이의 눈높이에 맞추어 개념을 차근차근 설명해 놓은 책은 없다. 수학 책의 위력을 알게 된 승주는 앞으로도 교과서만 있으면 혼자서도 공부할 수 있다는 자신감을 얻은 것 같았다.

고민맘

선생님, '수학포기자'라는 말만큼 무서운 말도 없어요.

뇌의 힘

수학은 다른 어느 과목보다 자기주도 학습을 해야 하는데, 실제로는 학원의 도움을 가장 많이 받고 있어요.

고민맘

애가 수학을 잘 못하는데, 쉬운 문제를 풀게 해서 기를 살려야 할까요?

뇌의 힘

쉬운 문제만 계속 풀게 하지 마시고, 단계를 높여가세요. 한 문제를 푸는 시간이 많이 걸려도 괜찮습니다.

고민맘

그래도 애가 기가 살려면, 성공의 경험이 있어야 한다고 하는데요. 쉬운 문제를 계속 맞혀야…….

뇌의 힘

쉬운 문제만 계속 맞힌다고 자신감이 과연 올라갈까요? 어려운 문제 하나를 맞혔을 때 아이들의 자신감은 열 배, 백배 커져요. 한 번 시도해보세요.

나만의 방식으로 풀어도 괜찮다

중학교 1학년인 민석이의 수학 점수는 50점 정도였다. 이런 상태가 계속되면 고등학교 때는 수학을 포기한다는 말이 나오기 쉽다. 공부하고 있는 문제집을 살펴보니 민석이는 앞부분에 나와 있는 계산 위주의 쉬운 문제만 풀고 있었다. 민석이는 집에서 혼자 공부하는 시간이 하루에 한 시간이 채 안 되었는데, 대부분을 숙제하는 데 쓰고 있었다.

그런 민석이가 나에게 수학을 좋아한다고 말했다. 수학이 재미있고 잘하고 싶다고 했다. '어라? 이 녀석, 뭔가 있구나!' 재미를 느낀다는 것은 생각하는 수학을 할 줄 안다는 것이다. 수학적 사고를 동원하지 않고 기계적으로 문제만 풀었다면, 절대로 수학이 재미있을 리 없으니까. 그렇다면 민석이는 수학을 잘할 재능을 충분히 갖고 있는 것이다.

나는 민석이에게 까다로운 도형 문제를 주고 푸는 것을 지켜보았다. 일부 빗금 친 부분의 면적을 구하라는 문제였다. 민석이는 일반적인 풀이 방법과 다른 방법으로 빠르고 정확하게 문제를 풀었다. 민석이의 방법은 책에 나오는 공식을 이용한 방법이 아니었다. 특이한 방법이었지만 논리적으로 전혀 오류가 없었다. 그런데 다 풀고 나서 민석이는 풀죽은 목소리로 이렇게 말했다.

"저는 문제 푸는 방법을 몰라요. 그냥 제 마음대로 풀어요. 잘못된 거죠. 풀이 방법을 쓰라는 서술형 문제가 나오면 그래서 다 틀려요."

내가 볼 때는 민석이야말로 제대로 된 수학 공부를 하고 있는 중이었다. 누가 가르쳐준 대로 문제를 풀지 않고 스스로 생각해낸 방법으로 문제를 해결하는, 요즘에 보기 드문 아이였다. 학원을 다니지 않은 덕분이라는 생각이 들었다. 하지만 현실에서는 수학 점수가 나쁘다는 이유로 누구도 민석이의 수학적 재능을 인정해주지 않고 있었고, 민석이 자신도 수학을 못한다고 생각하고 있었다.

민석이에게 '수학 머리'가 있다고 칭찬을 했더니 믿어지지 않는다는 얼굴을 했다. 내 말대로라면, 왜 늘 수학 점수가 나빴는지 이해가 안 되는 모양이었다.

"공부를 열심히 안 해서 그랬던 거야. 학교 시험은 정해진 시간 안에 문제를 다 풀어야 하는데 너는 평소에 문제 푸는 연습을 안 해서 시험 볼 때 늘 시간이 부족했고 좋은 점수를 못 받은 거지."

자신의 능력에 대해 자부심이 없었던 민석이는 학습동기가 약했다. 수학이 재미있다고 생각은 했지만 열심히 할 만큼은 아니었던 것이다. 수학에 재능이 있다는 칭찬을 받은 뒤, 민석이는 반신반의하면서도 수학 공부 시간을 조금씩 늘려가기 시작했다. "이렇게 잘할 수 있는데 그동안 왜 안 했을까?"라는 말이 민석이에게 큰 힘이 되는 것 같았다.

어려운 문제를 푸는 동안 뉴런은 특별한 자극을 받는다. 자신의 사고력을 최대로 발휘해서 하나의 문제에 집중하는 동안 뉴런의 축삭을 감싸고 있는 지방층인 미엘린의 두께가 조금씩 두꺼워진다는 사실이 발견되었다. 미엘린 층이 두꺼워질수록 속도와 정확성이 향상되며 문제를 빠르고 정확하게 푸는 결과로 나타난다.

다시 한 번 강조하지만, 미엘린 층은 최선을 다해서 집중해야 풀 수 있는 어려운 문제에 도전할 때 두꺼워진다. 민석이가 계속해서 쉬운 문제만 풀었다면, 미엘린 층은 두꺼워지지 않았을 것이다. 어려운 문제를 자신의 수학적 사고력을 동원해서 풀어내는 동안 해당 부위의 미엘린 층은 점점 두꺼워지고 민석이의 수학 실력은 더 좋아질 것이다.

수학적 사고력: 공식부터 대입하지 말고 생각하기

다영이는 중학교 2학년이다. 초등학교 때부터 영어와 수학 과외를 쉰 적이 없었다. 중학교 1학년 때까지는 상위권 성적을 유지해서 학교 생활에 만족하며 잘 지냈다고 한다. 그러다가 2학년 중간고사에서 전에는 한 번도 받아보지 않은 수학 점수를 받고 충격에 휩싸였다. 다영이 부모님도 학원에서 시험을 보면 늘 90점을 넘는 다영이가 왜 학교 시험에서는 60점을 받아오는지 이해하지 못하고 있었다.

그런데 다영이는 일정한 패턴이 있어 풀기가 쉬운 유형 문제보다는 논리력과 상상력이 필요한 활용 문제에 흥미를 보였다. 대부분의 아이들이 어렵다고 말하는 활용 문제가 재미있고 또 잘 풀린다면, 수학적인 사고력이 있다는 것인데 왜 좋은 점수를 못 받는 걸까? 궁금한 마음에 일차부등식 활용 문제를 주고 풀어보게 했다. 다영이는 문제를 쓱 읽더니 공식을 쓰고는 척척 풀어나갔다. "이런 문제는 많이 풀어봤어요." 문제를 풀고 나서 다영이가 만족스러운 표정으로 말했다. 그러나 정답을 확인해보니 틀렸다.

내가 준 문제는 다영이가 그동안 많이 풀어본 문제와 겉보기에는 비슷했지만, 구조가 다른 문제였다. 헌데 다영이는 문제를 제대로 이해하지 않고 예전에 풀어본 기억에 의존해서 푼 것이다. 외우고 있는 여러 개의 공식 중 하나를 머릿속에서 꺼내서 거기에 맞추어 문제를 풀고는 정답인 양 자신만만해 했다.

수학적 사고 없이 기계적으로 문제를 푸는 다영이와 같은 아이들이 많다. 암기와 숙련된 기술로 문제를 풀어 놓고는 도대체 왜 답이 틀리느냐고 도리어 따져 묻는다. 틀림없이 이렇게 풀면 된다고 배웠다는 것이다. 다영이는 정답을 확인한 후에도 어디가 틀렸는지 이해하지 못했다. "전에는 답이 나왔었는데…" 하는 말만 반복했다. 다영이가 활용 문제를 잘 푼다고 말했던 것은 학원에서 활용 문제의 몇 가지 유형을 반복적으로 연습했던 결과, 그런 유형의 문제를 빨리 풀어낼 수 있다는 뜻이었다. 문제를 생각해서 풀지 않고 외워서 푸는 전형적인 경우였다. 실제로는 패턴 식 유형 문제와 다를 바 없는 활용 문제에 대처했던 것이다.

다음은 다영이가 풀었던 문제다.

농도가 8%인 소금물 400g에서 물을 증발시켜 농도가 10% 이상 16% 이하인 소금물을 만들려고 할 때 증발시키는 물의 양을 구하여라.

다영이의 풀이:

증발시킨 물의 양을 x라 놓으면,

$10 \leqq 8/100 \times (400-x) \leqq 16$

$1000 \leqq 3200-8x \leqq 1600$

$1600 \leqq 8x \leqq 2200$

$\therefore\ 200 \leqq x \leqq 275$

증발시키는 물의 양이 200g이상 275g이하가 되면 농도가 10% 이상 16% 이하인 소금물이 만들어진다.

정답 풀이:

농도 문제를 풀기 위해서 먼저 용액 속에 포함된 용질(소금)의 질량을 구한다.

(농도 = 용질/용액×100) 이라는 공식을 이용해서 구하면,

소금의 양이 구해진다.

$8=x/400 \times 100,\ x=32$

$\therefore$ 소금물 속에는 32g의 소금이 들어있다.

다음 단계로 각각의 농도를 유지하기 위한 용액의 양을 구한다.

10% 소금물이 되기 위한 용액의 양을 x라 할 때,

$10 = 32/x \times 100$, $x = 320$g 따라서 80g의 물을 증발시켜야 한다.

16% 소금물이 되기 위한 용액의 양을 y라 할 때,

$16 = 32/x \times 100$, $y = 200$g 따라서 200g의 물을 증발시켜야 한다.

∴ 80g ≦ 증발시킬 물의 양 ≦ 200g

농도가 10% 이상, 16% 이하인 소금물을 만들기 위해서는 현재의 소금물 400g 중에서 80g 이상, 200g 이하의 물을 증발시켜야 한다.

이 문제를 같이 풀어본 뒤 다영이와 많은 이야기를 나누었다. 수학은 누군가에게 풀이 방법을 배워서 풀려고 해서는 안 된다는 것을 여러 번 강조해서 말했다. 농도가 무엇인지, 용액과 용질과 농도는 서로 어떤 관계가 있는지 기본 원리를 제대로 이해한 뒤 나머지는 자신의 논리력으로 해결하는 게 제대로 된 수학 공부라는 것을 이해시켜야 했다. 만약에 다영이가 문제를 받아보고, 한참 동안 이리저리 고민하고 식을 여러 번 고쳐 써본 뒤에 틀렸다면 그것은 몰라서 틀린 것이다. 농도와 용액과 용질의 관계를 몰랐거나, 이들의 관계는 알았지만 논리력이 부족해서 적절한 식을 만들지 못해서 틀린 것일 수 있다. 그럴 때는 이들 관계를 다시 공부하면 된다. 소금물 속의 물이 증발되고 처음보다 짠 소금물이 남게 되는

과정을 상상하면서 무엇을 구해야 하는지 스스로 깨달아야 한다. 집중력을 발휘해서 따져보면 어떻게 풀어야 할지 실마리를 잡을 수 있다.

그럴싸한 공식을 써 놓고 맞게 풀었다고 생각하는 것은 심각한 문제다. 이런 공부법이 왜 나쁜지를 먼저 이해시켜야 문제를 푸는 방법이 바뀐다. 다영이가 학원 시험을 잘 볼 수 있었던 것은 그 시험에는 학원에서 가르쳐 준 유형의 문제만 출제되었기 때문이다. 그 문제들은 잘 외워둔 공식을 대입하면 정확하게 풀어지기 때문에 백 점도 어렵지 않았을 것이다. 생각 없이 하는 흉내 내기 수학이 아이들의 노력을 헛수고로 만들고 있다.

우리의 뇌는 새로운 자극을 좋아한다. 늘 같은 일을 하던 방식으로 반복하게 되면, 뇌는 더 이상 그 일에 흥미를 보이지 않고 기계적으로 대응한다. 풀이 방법을 외워서 같은 유형의 문제에 적용하는 방식으로 문제를 풀면, 수학 공부의 본질을 벗어난 헛된 노동을 하게 된다. 뇌가 자극을 받을 수 있게 '생각하는' 공부를 해야 한다.

사회·역사·도덕 공부법

흔히 암기 과목이라고 하면 머리를 쓰지 않고 그냥 외우기만 하면 되는 것으로 생각한다. 그래서 암기 과목을 못하는 것은 학습 능력의 문제가 아니라 성실하지 않은 탓이라고 믿는 부모님들이 많다. 과연 그럴까?

사회, 역사, 기술, 가정, 도덕 등을 암기 과목이라고 하지만, 이해 없이 암기만 해서 잘하는 과목은 없다. 잘 외우려면 먼저 이해해야 한다. 암기 과목이라고 불리는 공부도 아이들 각자의 지식망 안에 새롭게 이해한 내용을 잘 엮어 넣는 과정이 우선되어야 한다는 뜻이다. 그다음에 이해된 내용을 잊어버리지 않도록 꼭꼭 눌러 외우는 것이다. 이해를 하기 위해서는 사고가 작동되어야 하니 암기 과목도 사고력이 좋은 사람이 잘한다는 결론이 나온다. 그런 관점으로 볼 때 암기 과목 대신 외울 게 많은 과목이라는 표현이 더 맞을 것도 같다.

사회와 역사는 비슷한 과목이지만 이것들과 기술·가정은 다르고 도덕은 또 다르다. 그래서 공부하는 방법도 조금씩 달라진다. 같은 암기 과목이라도 기술·가정은 좋아하지만, 구체적인 활동이 없고 이야기로만 배우는 역사 과목을 싫어하는 경우가 있다. 기술·가정은 실용적인 내용을 많이 다루기 때문에 실생활에 관심이 많은 아이들이 흥미를 보인다. 옷 만들기, 세탁하기, 요리하기, 목공예 등 구체적인 활동을 좋아하는 아이들은 실습하는 자리에서 내용을 이해하고 기억도 쉽게 한다. 실습이 없더라도 상상 속에서 간접체험 하면서 스스로 이해를 돕기도 한다.

아이의 성향에 따라서 흥미 있는 과목이 제각각일 수는 있지만 어떤 과목이든지 암기를 잘하려면 이해력에 더해 그 분야에 대한 지식이 많아야 한다. 고기를 잡는 어부가 촘촘한 그물을 갖고 있으면 더 많은 고기를 잡아 올리는 것처럼, 아는 게 많으면 외부에서 들어오는 정보를 잘 엮어서 잡아둘 수 있기 때문에 암기하는 데 유리하다. 하지만 그물에 비유되는 사전지식은 하루아침에 만들어지는 게 아니다. 오랜 세월, 어쩌면 태어나서 이제껏 형성된 모든 지식이 그물 역할을 하는 것이므로 지금 당장 암기 과목을 잘하기 위한 전략으로 삼기에 '좋은 그물 만들기'는 부적절하다. 그런 것 말고 알고 있는 지식을 효과적으로 활용해서 암기 과목을 잘하기 위한 방법을 찾아보자.

효과적인 암기 과목 공부법 중 첫 번째는 요약된 자료를 보기 전에 이야기 형식으로 써 있는 텍스트를 읽으라는 것이다. 암기 과목 공부법에 대한 흔한 오해가 하나 있다. 짧고 간명하게 요약된 것을 보고 외우면 잘 외워진다고 믿는 것이다. 그러나 실제 결과는 그렇지 않다. 자세한 묘사와 충분한 설명이 나와 있는 이야기 형식의 글을 읽고 이해한 뒤 스스로 중요한 것을 간추려서 외워야 머릿속에 오래 남는다. 외운다는 것은 뉴런의 연결망 안으로 새로운 내용을 편입시키는 것인데 이때 풍성한 내용이 들어가야 다양한 사전 지식들과 골고루 엮여서 쉽게 빠져나가지 않고 남아 있게 된다.

아래에 소개하는, 제목으로 예상해보기나 공부한 뒤 설명해보기는 '3장 뇌가 좋아하는 공부법'에서도 살짝 언급했지만, 이번에는 구체적인 공부 실전을 예시로 담았다.

단원 제목으로 예상해보기

단원명은 앞으로 다룰 내용을 요약하고 있다. 따라서 단원명을 보고 어떤 내용이 쓰여 있는지 추측해보는 것은, 앞으로 읽을 실제 내용과 비교하는 준거를 만드는 중요한 과정이다. 예상 내용을 머릿속에 담고 본문을 읽으면 예상과 본문이 같은지 비교하면서 읽게 돼서 집중력이 높아진다. 또 예상과 전혀 다른 흥미로운 내용이 나오면 뇌에 파란불이 반짝 켜지면서 그 부분에 대해서는 최고의 집중력이 발휘된다. 뇌는 새로운 뜻밖의 자극에 더 많은 에너지를 투입하며 그런 자극은 잘 잊히지 않는다. 많은 아이들이 어려워하는 사회 과목에 이런 공부 방법을 적용해볼 수 있다.

채연이는 사회 과목을 특히 어려워했다. 평소에 꾸준히 공부를 하지는 않았지만 시험 준비만큼은 철저하게 한다고 했는데 점수는 언제나 실망스럽다고 했다. 교과서를 읽고 중요한 내용은 외우면서 공부하는데도 시험 점수가 좋지 않다면서 어떻게 공부해야 하느냐고 물어왔다.

채연이는 시험 문제를 읽어보면 알 듯 말 듯 헷갈리는 경우가 많다고 했다. 교과서를 읽기는 했는데 내용을 머릿속에 제대로 엮어 넣지 못해서, 어디서 본 듯한데 정확히는 모르는 상태를 자주 경험하는 것 같았다. 부분 부분 외운 게 생각나기는 하는데 그게 어디에 속하는지 명확하게 알고 있지 않아서 늘 혼란스럽다고 했다.

이런 채연이의 문제점을 해결하기 위해서 교과서를 읽기 전에 대단원, 중단원, 소단원의 제목을 차례로 읽으면서 앞으로 어떤 내용의 글이 나올지 예측해보기로 했다. 대단원 전체의 내용을 가늠해보고, 그 속에 들어 있는 중단원의 내용을 파악한 다음, 소단원과 소주제 식으로 좁혀 가면서 내용 구성에 관한 지도를 만드는 일을 먼저 해보라고 했다. 그리고 학습 목표를 읽어서 공부할 내용이 무엇인지 명확하게 파악한 뒤 책 읽기를 시작하라고 했다. 이렇게 읽으면 집중력이 좋아지고 이해력도 높아질 것이다.

다음은 채연이와 함께 사회생활과 법규범이라는 단원을 읽으면서 공부한 내용이다.

4. 사회생활과 법 규범 .... 대단원 제목

4-1 법의 지배와 정의 .... 중단원 제목

학습 목표 법에 의한 지배의 중요성을 파악한다.

법 규범의 필요성과 법의 이념에 대하여 이해한다.

현실적인 법적 갈등 사태에 대한 해결 방안을 탐색한다.

1) 법치주의 .... 소단원 제목

"대단원 제목 '사회생활과 법 규범'을 보니 어떤 생각이 떠오르니?"

"법을 지키면서 사는 거요. 그리고 안 지켰을 때 벌금을 내거나 감옥에 가거나…."

"좋아. 그러면 중단원 제목을 읽었을 때는?"

"법의 지배와 정의, 음…, 법에 따라 다스리는 것 그리고 정의란 무엇인가? 이런 게 생각나요."

"그 둘을 연결해서 조금 더 생각해보자."

"정의가 무엇인지에 대해서 생각해보고 그것에 맞추어 법을 정한 다음 그 법에 따라 지배하는 거요."

"그래. 그런 생각이 떠올랐구나. 너는 정의가 뭐라고 생각해?"

이런 식으로 필요에 따라 이야기를 좀 더 하게 해도 좋다. 채연

이는 정의가 무엇인지 잠시 생각하는 듯했지만 선뜻 대답하지 못했다. 그 상태로 학습 목표로 넘어갔다. 질문을 하는 것만으로 학습 효과가 있기 때문에 꼭 대답을 듣지 않아도 괜찮다.

예상하기의 마지막 단계로, 소단원의 제목을 읽었다. 소단원 제목은 '법치주의'였다. 채연이는 법치주의가 무슨 뜻인지 잘 모른다고 했다. 그래서 법치주의가 무엇인지 궁금해 하면서 그것을 알아내려는 마음으로 본문을 읽어보자고 했다. 본문 내용을 이렇게 예상한 뒤 읽기 시작하면, 그런 내용이 실제로 있는지 없는지 확인하면서 읽게 된다. 당연히 집중력이 높아져서 기억이 훨씬 잘 된다.

제목으로 짐작하기를 마친 뒤, 채연이는 첫 번째 소단원 '법치주의란 무엇인가?'를 읽었다.

사람들은 자신이 속한 사회의 안정과 발전을 위하여 서로 도우며 살아간다. 그러나 우리의 사회생활이 항상 원만한 것은 아니다. 사회 구성원들 간에는 생각의 차이나 이해관계의 대립으로 인하여 갈등이 발생하기도 한다. (중략) 사람들 사이의 갈등은 당사자들 간의 대화와 타협을 통해 해결되기도 하지만, 경우에 따라서는 타협하지 못하고 분쟁을 일으키게 된다. 만일 이러한 분쟁을 자신의 생각대로 해결하고자 한다면 사회는 더욱 혼란스러워질 것이다. 그러므로 국가 사회에는 사람들 사이의 분쟁을 조정, 해결할 수 있는 장치가 필요하게 되었다. 오늘날 대부분의 국가들은 헌법을 제정하고 이를 바탕으로 법률을 만들어 사회의 갈등과 분쟁을 해결하는 기준으로 삼고 있다. 이렇게 모든 국가적 행위가 국민의 의사를 대변하는 의회에서 제정된 법의 내용과 절차에 따라 이루어지는 것을 법치주의라고 한다.

다 읽고 나서 책에서 눈을 떼게 한 후, 나는 "법치주의가 뭐야?"라고 물어보았다. 채연이가 방금 읽은 내용을 얼마나 잘 기억하는지 알아보려는 것이다. "음, 사람들이 사회생활을 할 때는 서로 도우면서 살아간다. 그런데 음, 평화롭게 살지만 문제가 생기기도 하는데 그럴 때 해결할 수 있도록 나라에서 법을 만드는 거? 아닌가? 법을 만들어서 다스리는 거? 그런 것을 법치주의라고 한다." 채연이는 본문의 내용 중 맨 처음에 나오는 '서로 도우며 살아간다'는 것과 마지막에 나오는 '법치주의'를 잘 기억했다.

그리고 본인이 이해한 내용을 나에게 말했다. 설명하는 도중에 스스로 뭔가 부족하다는 것을 느꼈다고 했다. 그다음에는 기억한 내용과 원문을 비교해서 빠진 부분을 찾아내고, 그 부분은 다시 외우면 된다. 채연이는 본문을 다시 보면서 처음에 외울 때 빠뜨렸던 부분을 보충했다. "아, 분쟁을 조정할 수 있는 장치, 헌법과 법률을 만들어서 그것에 따라 나라를 이끌어 가는 것, 이게 법치주의네요." 채연이는 한 번만 읽고 요약을 해냈지만, 보통은 두세 번 읽어야 이런 수준의 요약이 가능하다.

채연이는 교과서를 무조건 반복해서 읽었을 때보다 단원명을 읽고 내용을 예상한 뒤 본문을 읽으니 기억이 잘된다고 말했다. 겉으로 보기에는 별 차이가 없어 보이지만 자신의 사전지식을 활성화하면서 읽으면, 이해와 암기에 큰 도움이 된다. 암기 과목이라고 해서 무조건 외우려들지 말고 자신의 지식으로 엮어 놓은 그물을 활용해서 교과서의 내용을 잘 건져 올려야 한다.

공부한 내용 설명하기

알고 있는 내용을 다른 사람에게 설명하면 공부가 잘된다는 것은 널리 알려진 사실이다. 설명하기 위해서는 이해를 잘해야 하기 때문에 스스로 완벽한 공부를 하게 되고, 설명하는 과정에서 한 번 더 반복하게 되니 복습의 효과가 있다.

성격이 쾌활한 가은이는 "잘 되고 있어요. 걱정 마세요"라는 말을 입에 달고 산다. 긍정적이라 좋은 면도 많지만, 늘 이렇게 'yes'라고 하니 문제점을 발견하기가 어렵다는 게 문제였다. 공부할 때는 어렵지 않다고 하지만, 가은이는 외워야 할 내용이 많은 과목의 시험에서는 언제나 기대 이하의 점수를 받았다. 중학교 2학년인 가은이는 수업도 잘 듣고 집에 와서 복습도 꾸준히 한다고 했는데, 어디가 잘못된 걸까? 나는 가은이가 공부하는 모습을 옆에서 지켜보면서 문제점을 찾아보기로 했다.

가은이는 기술 시간에 배우고 있는 첨단 기술에 관한 내용이 어렵고 이해가 안 된다고 했다. 교과서를 펼쳐서 가은이가 어렵다고 한 부분을 읽어보게 했다.

기술은 앞으로 어떻게 발전할까?

미래의 생명기술은 로봇기술, 의료기술, 정보기술, 나노기술 등과 융합하여 인간을 좀 더 오랫동안 살 수 있도록 해줄 것이다. 생명기술의 발달은 각 개인의 유전적 특징을 고려한 맞춤의학 및 신약 개발을 가능하게 하여 질병을 보다 효과적으로 치료할 수 있는 길을 열어주고 있다. 미래에는 환자들에게 필요한 혈액, 뼈, 연골, 피부, 심장 등의 네오 기관을 만들어 난치병 등을 고칠 수 있게 해줄 것이다. 서로 어울릴 것 같지 않은 생명기술과 기계 기술의 융합은 마이크로라는 나노 수준의 미세한 모터를 만들어내고, 근육세포를 성능 좋은 미세 모터로 변환시킬 수 있다. 또한 바이오 재료 기술로 신체에 거부 반응 없이 베리칩과 같은 미세물질을 내장시켜 신체의 정보를 지속적으로 관리할 수 있게 해줄 것이다. 생명 기술은 에너지 식량 분야에도 공헌하고 있다. 바이오 매스를 이용한 바이오 연료 산업은 향후 에너지 산업의 변화를 가져올 수 있는 친환경 에너지원으로 기대된다. 병충해에 강한 유전자를 조작하여 생산한 유전자 변형 작물은 인류의 식량난을 해결하는 데 크게 기여할 것이다. 그러나 생명 기술의 발전은 생명의 존엄성 문제로 논란을 일으켜왔으며, 미래 사회의 주연인 우리는 이러한 문제들을 지혜롭게 극복하기 위해 끊임없이 노력해야 한다.

"자, 가은아, 기술은 앞으로 어떻게 발전한다고 나와 있니?"

다 읽고 나서 책을 덮게 한 다음 이렇게 물었다.

"음…."

가은이의 눈길이 책의 표지 쪽으로 향했다.

"틀려도 괜찮으니 생각나는 대로 말해봐. 네가 이해한 대로."

"몸속에 있는 장기를 만들어서 바꿔 끼울 수 있고 또 근육? 이런 것도 마이크로 뭐 그런 걸로 대체할 수 있어서 생명을 연장시킬 수 있게 발전해요. 그리고 또 뭐더라? 아, 식량이요. 유전자 변형 곡식 이런 걸 많이 만들어서 미래에 식량난을 해결할 수 있다고 쓰여 있었어요."

"그게 다야? 다른 건 생각나는 것 없어?"

"뭐 바이오칩인가? 네오 뭐 그런 말 있었는데 생각이 잘 안나요."

"좋아. 그럼 책을 펴고 네가 지금 나한테 설명한 것들이 맞는지 확인해보자."

가은이는 책을 펼치고 내용을 다시 한 번 읽어내려갔다.

"다 읽었으면 아까 잘못 말한 부분을 다시 얘기해볼래?"

"아까 장기라고 말한 게 혈액, 뼈, 연골, 피부, 심장 같은 거고요. 네오 기관이라고 불러요. 그리고 미래의 생명기술이 로봇기술, 의료기술, 나노기술 이런 것들과 합해져서 인간을 좀 더 오랫동안 살게 해준다고 해요. 그리고 음, 뭐가 더 있었는데, 아 맞다, 식량, 유전자 변형 농산물로 식량난 해소 그리고 바이오 에너지도 있어요. 그런데 이런 게 자꾸 발달하면 생명의 존엄성 문제가 논란이 된다고 나와 있었어요."

"와~, 한 번 더 보더니 거의 다 기억을 해내는구나. 다 맞게 얘기한 것 같니?"

"네, 거의…. 그런데 빠뜨린 것도 있을 거예요. 한 번만 더 봐도 돼요?"

"그럼. 마지막이라고 생각하고 한 번 더 봐."

가은이는 책을 다시 보면서 빠뜨리거나 틀리게 말한 부분을 모두 찾아냈다. 전에는 책을 반복해서 읽기만 했는데, 이렇게 누군가에게 설명하면서 공부하니까 집중이 잘되고 훨씬 잘 외워진다고 말했다.

"설명해야 한다는 생각에 더 집중해서 읽게 돼요. 그리고 설명하다 보면 제가 잘 모르는 부분이 어딘지 분명하게 알게 돼요. 그 부분을 찾아 다시 공부하니까 완벽해지는 것 같아요."

어려워 보이는 내용도 천천히 집중하고 반복해서 읽고, 누군가에게 자신이 이해한 내용을 설명하는 방식으로 공부하면 자기 것으로 만들 수 있다. 이때 가장 중요한 것은 책을 덮고 누군가에게 가르치듯 설명하는 것이다. 들어줄 사람이 없으면 물건을 앞에 놓고 해도 괜찮다. 충분히 이해시켰다는 생각이 들 때까지 반복해서 공부하고 설명하다 보면 통달하게 된다.

먼저 예상한 뒤 책을 읽는 것과 읽고 나서 설명하기는 둘 다 책을 읽는 동안 집중력을 높여서 뉴런들의 연결을 강하게 만들어준다. 내용을 짐작해본 뒤 책을 읽으면 오래 기억되는 이유는 예상할 때 활성화되었던 사전지식이 새로 들어오는 정보와 바로 연결되기 때문이다. 이처럼 새로운 정보가 기존 지식망 속에 엮어 들어가면 잘 외워지고 오래 기억된다.

읽고 나서 설명하기는 새로 들어온 지식이 자기 것으로 잘 통합되었는지 확인하는 기회가 된다. 또한 설명을 하려면 이미 연결된 지식망을 한 번 더 가동해야 하는데 이는 뉴런들의 연결 패턴을 강화하는 효과가 있다.

채연이가 한 것처럼 책을 읽기 전에 제목만 보고 내용을 떠올리거나, 다 읽고 나서 역시 제목만 보고 내용을 회상하는 것은 뉴런들의 연결망을 풍성하고 강하게 해서 기억을 향상시키는 좋은 전략이다.

5장

공부와 창의성을 연결 짓기

학교 공부를 잘하는 것과 창의성은 어떤 관계가 있을까? 창의적인 아이는 기발한 생각을 잘하고 다소 산만하다고 하는데, 공부를 잘 못하는 특성을 가진 아이들이 더 창의적인 건 아닐까? 공부를 잘하는 것이 오히려 창의성 발달에 방해가 되지 않을까? 이런 궁금증을 가진 분들을 위해 이번 장에서는 창의성과 공부에 관한 오해를 풀어보려 한다.

사람의 여러 가지 역량 중에서 앞으로는 창의력이 가장 중요한 능력이 될 것임은 의심할 여지가 없다. 이미 컴퓨터와 로봇이 사람을 대체하는 일들이 점점 많아지고 있고, 앞으로는 이런 추세가 점점 심해질 거라고 모두들 예상하고 있다. 그러니 미래에는 기계에 맡기지 못하는 창의적이거나 감성적인 일만을 사람이 맡게 될지도 모른다. 이런 변화를 지켜보면서 정작 아이들이 지금 하고 있는 공부가 혹시 창의성을 해치지는 않을지, 자녀의 장래를 살피는 부모 입장에서는 걱정이 된다.

그러나 일반적인 짐작과 달리, 학습 능력과 창의력은 밀접한 연관성을 갖고 있다. 뇌과학 연구에서 창의성은 학습보다는 미지의 영역이지만, 지능지수나 학습법이 창의성에 어떻게 영향을 미치는지에 대한 연구는 꾸준히 이루어져 왔다. 지금까지의 연구 결과는 다음과 같이 요약된다. 효과적인 공부법으로 제대로 된 공부를 하기만 하면 성적도 오르고 창의성 발달의 밑바탕도 만들 수 있다. 한 가지 노력으로 두 가지 목표를 이룰 수 있다. 좋은 학교에 진학하는 것 말고는 써먹을 데가 없다고 생각되는 학교 공부가 제대로만 하면 창의성 발달에도 도움이 된다는 것이다.

공부 잘하는 아이 vs 창의적인 아이

창의적인 아이는 엉뚱하고 산만하다는 말은 부분적으로 맞는 말이다. 하지만 이것 말고도 중요한 것들이 있다. 미국의 심리학자 스턴버그(Robert J. Sternberg)와 루바트(Todd Lubart)는 '새롭고 유용한 무엇인가를 만들어내는 과정'을 창의성이라고 정의했다. 여기에서 주목할 것은 '유용한'이다. 새로운 것은 엉뚱한 아이디어만으로 가능하겠지만 유용한 것, 즉 사용 가치가 있는 것을 만드는 일은 그것만으로는 안 된다. 유용한 것을 만들려면 오랜 세월 동안 축적되어온 지식을 검토하고 배우는 일을 소홀히 해서는 안 된다. 기존 지식의 토대 위에 새로운 것을 얹어야 빠르게 변화하는 사회의 발전 속도를 따라잡고, 그 사회에 유용한 무엇을 만들어낼 수 있을 테니 말이다. 우리가 상상하는 것과는 다르게, 연구자들은 읽고 이해하고 외우는 공부가 창의성 발달과 연관이 높다고 강조하고 있다.

IQ와 창의성의 관계

창의성은 지능과 어떤 관계가 있을까? 많은 연구자들이 이 문제를 궁금해 했으며 다양한 방법으로 이 둘의 관계를 살펴보았다. 미국의 인지심리학자 존 앤더슨(John Robert Anderson)은 IQ가 120보다 낮은 사람들에서는 지능과 창의성이 상관이 있고, 120 이상인 사람들에서는 상관이 없어 보인다고 발표했다. 연구자 중에는 IQ 임계치를 110 혹은 130으로 보는 사람도 있지만, 중요한 것은 모든 연구자들이 창의성 발달을 위해서는 '일정 정도의 지능'이 필요하다고 지적한다는 점이다.

하지만 창의성과 지능을 서로 배타적인 관계로 생각하던 시기도 있었다. 지능이 높을수록 창의성이 낮아진다는 게 그 당시 사람들의 생각이었다. 논리적이고 분석적인 사고가 유연하고 기발한 사고를 방해한다는 생각에서 비롯된 편견이었다. 그래서 한때는 공부는 못하지만 엉뚱한 생각을 잘하는 아이가 창의적인 아이라고 착각하기도 했다.

요즘에도 공부를 열심히 하지 않으면서 수업 시간에 엉뚱한 질문을 자주 하는 아이를 창의적이라고 추켜세우는 사람들이 여전히 있다. 그 아이가 창의적인지 아닌지 알아보기 위해서는 아이의 질문이 새로운 관점에서 나온 엉뚱함인지 아니면 그저 산만함인지를 잘 판단해야 한다. 전자일 경우에는 눈여겨볼 필요가 있지만 후자일 때는 적절한 훈육으로 태도를 바로잡아줘야 한다. 공부 시간이 지루하거나 만만한 선생님의 수업일 때 몇몇 아이들은 엉뚱한 질문을 해서 관심을 끌려고 한다.

"4교시만 되면 수업에 집중이 안 되고 환청이 들리는 이유가 뭘까요? 밥이 눈앞에 어른거려요."

"시험 보는 날에 지진이 일어날 확률은 얼마나 될까요?"

다른 사람이 보았을 때는 엉뚱함으로 보일 수 있지만, 질문을 하는 당사자는 오랜 생각 끝에 내놓은 것이라면 창의적인 질문이라고 할 수 있다. 어떤 사실을 접했을 때 '왜 그래야만 하지? 다른 대안은 없을까?'라는 궁금증이 일어서, 그 문제를 곰곰이 생각하다가 질문했다면 창의적인 질문이다. 예를 들면, 이런 질문들이다.

"선생님~, 왜 가을에는 나뭇잎 색깔이 울긋불긋하게 변하나요? 추운 날씨가 어떻게 화려한 색깔을 만들어내죠?"

"북극의 얼음이 왜 점점 녹아내리는 걸까요? 태양이 지구와 점점 가까워지고 있나요?"

창의성과 지능은 별개의 능력인데 창의적인 활동이 이루어지는 영역에 따라 일정 수준 이상의 지능이 필요한 경우가 있어서 마치 둘 사이에 밀접한 관련이 있는 것처럼 보인다는 주장도 있다. 창의적인 예술가에게는 높은 지능이 꼭 필요한 건 아니지만, 노벨상을 받은 물리학자에게는 높은 지능이 필요하며 그런 경우에 창의성과 지능이 상관이 있어 보인다는 뜻이다. 그런가 하면 창의성이 발휘되고 주목받는 자리에 가려면 최소한의 사회·경제적 지위를 확보해야 하기 때문에 둘 간에 밀접한 관련이 있어보인다는 견해도 있다. 지능과 창의성의 관계에 대한 학자들의 생각은 이처럼 매우 다양하다.

그렇다면 우리는 어떤 입장에 서야 할까? 아이들을 키우고 있는 부모라면 지능과 창의성의 관계를 어떻게 바라볼 것인지 나름의 관점이 있어야 한다고 생각한다. 그래야 우왕좌왕 하지 않고 일관성 있게 양육할 수 있다.

아이들의 학교 공부는 입시를 위한 수단이기도 하지만, 지식을 넓혀주고 사고력을 발달시켜서 지능을 높여주기도 한다. 수리 지능, 언어 지능, 사회인지 지능 등이 학교 공부를 통해 높아지는 대표적인 지능들이다. 창의성 발달도 진공 상태에서 이뤄지지 않는다는 것을 알게 된 만큼, 학교 공부를 창의성 발달에 잘 활용하는 방안을 고민해봤으면 한다. 지식을 넓히고 사고력을 키우는 동시에 틀에 박힌 사고를 하지 않도록 계속해서 열린 질문을 던지는 것, 이것이 지능과 창의력를 모두 키우는 방법 중에 하나임은 분명하다.

"20년 후 가장 인기 있는 직업은 무엇일까? 왜 그렇게 생각해?"
"미래에 로봇은 어떤 능력까지 갖추게 될까?"
"세계는 물 부족 문제를 어떻게 해결할 수 있을까?"

이런 질문을 던지고 같이 답을 찾아나간다면, 지식과 창의력을 동시에 발달시키는 좋은 계기가 될 것이다.

박학다식과 창의성의 관계

새로운 아이디어를 제안한 사람에게 물어보면, 그것이 기존에 알고 있던 지식에서 출발한 것이라는 말을 종종 듣는다. 간혹 하늘에서 내려준 계시에 따라 창작을 했다고 떠벌리는 예술가들이 있는데 그런 경우조차도 자세히 조사해보면, 오랜 시간 지난한 노력 끝에 만들어낸 작품으로 밝혀지는 경우가 많다. 많은 창작자들이 알

고민맘

며칠 전, 영재 교육을 담당하는 박사님을 만났는데, '아이의 창의성을 어떻게 키워줄까요?'하고 질문했더니 손사래를 치시더군요.

고민맘

창의성을 따로 길러주겠다는 생각이 위험하다는 거예요. 사고력 교육을 잘하는 게 중요하다고 하셨어요.

뇌의 힘

그래요? 역시 사고력이군요.

고민맘

유연하게 형성된 지식이 곧 창의력으로 이어지는 거라고요.

뇌의 힘

그분 뜻을 알겠어요. 대부분의 사람들은 창의성이 공부나 지식하고는 동떨어진 어떤 것이라고 생각해요. 엉뚱함으로 보고 있지요. 근데 최근 과학적 발견에 따르면, 충분한 지식이 있고 집요하게 훈련하고 생각한 끝에 창의적인 결과물이 나왔다고 합니다.

고 있던 사실들을 새롭게 조합하거나, 하나의 사실을 바라보는 시선을 조금 비틀거나, 혹은 완전히 거꾸로 세워놓고 바라봄으로써 새로운 아이디어에 대한 단초를 얻는다. 새로운 것을 만들어내기 위해서는 그 분야에 대해서 잘 알고 있어야 한다는 주장은 이런 배경에서 나온 것이다.

그런가 하면 반대 의견도 있다. 지식이 창의성 발달에 걸림돌이 된다는 것인데 이 의견을 가진 사람들은 많은 지식이 새로운 생각을 방해해서 틀에 박힌 사고에 머물게 한다고 주장한다. 캘리포니아 대학 심리학과 교수인 사이먼(Dean K. Simonton) 박사의 '거꾸로 된 U자 관계 이론'은 이런 두 가지 주장을 잘 설명해준다. 지식과 창의성 간에는 U자 모양을 뒤집어 놓은 것과 같은 관계가 있다는 것인데, 지식이 너무 적거나 너무 많으면 창의성 발달에 방해가 되지만 적절한 수준의 지식은 도움이 된다는 뜻이다. 이런 관계를 지식과 창의성 간의 '긴장적 관점'(tension view) 라고 한다.

그런데 근래에 와서는 이 같은 긴장적 관점에 이의를 제기하는 의견들이 나타나고 있다. 그중 하나가 지식은 양의 많고 적음에 관계없이 창의성 발달에 긍정적인 영향을 미친다는 주장이다. 이런 관계를 지식과 창의성 간의 '기반적 관점'(foundation view)이라고 한다. 이에 대한 근거가 '10년 법칙'(10-year-rule)이다. 10년 법칙이란, 어떤 영역에서건 창의적인 작품을 생성해내는 수준에 도달하기 위해서는 10년의 세월이 걸린다는 것이다. 즉, 그 분야의 일을 하는 데 필요한 기본적인 지식 혹은 기술을 완전히 마스터해야만 비로소 그 분야에서 독창적인 산물을 생성해낼 수 있다는 것이다.

모차르트는 11세 때 이미 네 개의 피아노 콘체르토를 작곡했으나 그 곡들은 당시 다른 작곡가들의 작품을 재구성한 수준으로 그저 평범한 것들이었다고 한다. 그러다가 10년 뒤 그의 나이 21세가 되었을 때 비로소 독창적인 작품을 발표했는데 그것이 바로 '피아노 콘체르토 9번 K.271'이다.

사고력은 창의성 발달을 어떻게 도울까?

창의성과 학습 능력은 상관이 있을까? 학습 능력을 결정짓는 중요한 요인인 사고력은 창의성과 어떤 연관이 있을까? 창의성을 고민하다 보면 자연스럽게 생겨나는 질문이다. 공부를 잘하는 것과 창의적인 것 사이의 관련성을 묻는 이 질문 또한 부모님들에게는 흥미로울 것이다.

창의적이기 위해서는 일정 수준 이상의 사고력이 필요하다. 이때의 사고력은 특별한 것이 아니다. 읽고 이해하고 기억하고 논리적으로 생각하는 평범한 사고력이 창의성 발달에도 기여를 한다. 유별나게 창의성만 밀어주는 사고력이 따로 있지는 않다. 창의적 발명은 얼핏 보기에는 새롭고 특이하고 특별한 계시로 이루어진 것 같지만, 하나씩 짚어 보면 보통의 인지 과정들이 특별하게 조합된 결과물인 경우가 많다.

창의적인 작품들이 천재의 영감으로 만들어졌을 것이라는 예상과는 다르게 작품들은 오랜 기간에 걸쳐 구상되었고 수많은 시행착오를 통해 완성된 경우가 많다고 한다. 에디슨의 축음기 같은 물건이 좋은 예인데 축음기에 대한 아이디어가 떠오른 순간부터 이것이 완성되기까지 많은 시행착오가 있었으며 모든 과정은 영감이나 갑작스런 통찰 등의 개입 없이 논리만으로 설명 가능하다.

이런 예는 또 있다. 다윈은 진화론의 핵심이 되는 아이디어가 갑자기 번개처럼 떠올랐다고 말했지만, 그의 개인사와 주변 환경을 살펴보면 '과연 그럴까?'하는 의문을 갖게 한다. 다윈의 할아버지는 생물학자였다. 물론 다윈이 태어나기 이전의 일이지만 생전에 진화론을 제창했었다. 또 대학 시절의 다윈은 창조론에 반대하는 여러 생물학자와 교류할 기회를 가졌으며, 오랜 기간 항해 여행을 하면서 자신의 가설을 검증하거나 수정하는 경험적 자료를 많이 얻을 수 있었다. 결론적으로, 다윈이 토머스 맬서스(Thomas R. Malthus)의 《인구론》을 심심풀이로 읽고 있었을 때 '갑자기 떠오른 생각'은 계시적이며 비약적인 통찰이 아니라 긴 세월 많은 사람들의 다양한 아이디어를 섭렵하면서 여러 번 가설을 세우고 수정하곤 했던 기나긴 과정의 마지막 단계였을 뿐이다. 결과는 어마어마한 창조였지만 그것에 이르는 과정은 보통 사람들이 문제를 해결할 때 이용하는 사고 과정과 다를 것이 없었다.

'창의적 발견에 이르는 과정은 보통 사람들이 보통의 문제해결에서 사용하는 사고 과정과 다르지 않은 동일한 사고 과정'이라고 미국의 심리학자 로버트 와이즈버그(Robert W. Weisberg)는 주장한다. 그 말은 공부를 잘하는 것과 창의력의 관계에 대한 궁금증을 풀어주기에 충분한 것 같다. 학교 공부가 단순 암기가 아니라 사고력을 발달시키는 방향이라면, 학교 공부 역시 창의력 발달에 도움이 된다. 공부와 창의성 간의 구체적인 연결 지점은 이어지는 글에서 다루기로 한다.

창의성을 위한 지침

3장에서 바람직한 공부 방법 혹은 태도를 이야기하면서 '포기하지 않기, 버티기, 오래 생각하기' 등이 효과적이며, 이 같은 공부에는 어느 정도의 시간이 필요하다는 것을 거듭 강조했었다. 그런 '버팀의 철학'은 창의성과도 만난다. 창의성 발현을 위한 필수 조건 중 하나가 '오랜 시간 연습하기'이다. 이는 뭔가 갑작스럽게 번뜩이는 아이디어를 타고 생겨나는 게 창의적인 산물이라고 생각해온 그간의 상식을 흔들어 놓는다. 오랜 시간 연습하기는 창의적인 천재가 아닌 그저 평범한 많은 사람들이 문제를 해결해온 방식이 아니던가.

특별한 사람들의 기이한 재주가 창의성으로 나타나는 게 아니고 평범한 아이들이 하는 매일매일의 공부가 창의성을 만든다는 것을 강조하고 싶다. 단, 공부가 오직 좋은 점수를 받기 위한 수단이어서는 안 된다. 알아가는 즐거움이 공부에 집중하는 동력이 될 때, 자발적으로 이리저리 생각을 뒤집다 보면 공부가 창의성으로 자연스럽게 이어진다. 더러 수학이나 과학을 좋아하는 아이들을 만나는데 그 아이들은 누가 시키지 않아도 늦은 밤이나 새벽까지 어려운 문제를 붙잡고 씨름하는 것을 즐긴다. 시험 범위도 아니고 과제도 아닌 일을 왜 하느냐고 물어보면 재미있어서 한다고 대답한다. 이런 아이들을 보면 먼 미래에 창의적인 수학자 혹은 과학자가 될 수도 있겠구나 하는 생각이 든다.

집요함이 창의성을 낳는다

새벽녘까지 안 풀리는 문제를 붙잡고 애쓴다면 과제 집착력이 뛰어난 아이다. 어떤 문제는 그렇게 해도 풀리지 않아 며칠을 고민하기도 한다. 하지만 이 아이들이 역사적으로 평가 받을 만한 창의적인 대발견을 해내고 싶다면 앞으로 엄청나게 많은 과정이 남아 있다. 무엇보다도 관심 있는 주제에 대해 흥미를 잃지 않고 계속해서

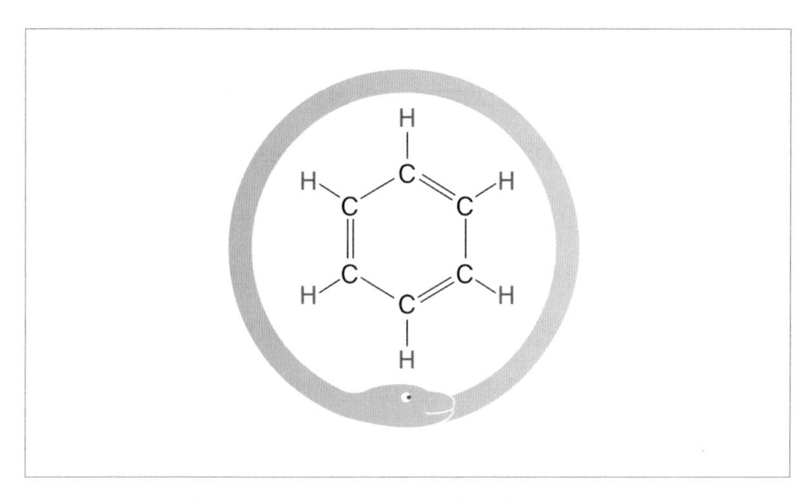

케큘레가 꿈속에서 본 똬리를 튼 뱀과 벤젠의 분자 구조

탐구해가는 지구력이 필요하다.

화학자 케큘레는 꿈속에서 뱀이 똬리를 틀고 있는 모습을 보고 벤젠의 분자 구조가 직선형이 아니라 고리형이라는 것을 발견했다. 고대 그리스의 수학자이자 물리학자인 아르키메데스는 목욕을 하다가 물질의 밀도를 측정하는 방법을 발견했다고 알려져 있다. 이 일화들을 듣고 잠을 자거나 목욕을 하다가 위대한 발견을 했다는 식으로 이야기를 단순화해서는 곤란하다. 낮잠을 자는 동안 아무나 케큘레 같은 꿈을 꿀 수 있는 게 아니다.

케큘레처럼 밤낮 없이 벤젠의 분자 구조에 대해 생각하고 연구하고 궁리한 사람에게만 그런 꿈이 찾아온다. 수면 연구자들에 따르면, 깨어 있는 시간에 우리가 고민했던 내용들이 잠을 자는 동안에 잘 정리된다고 한다. 아무것도 안 하는 것 같은 숙면을 취하는 동안, 중요한 것은 더욱 또렷하게 기억되고 필요 없는 정보는 지워진다고 하니 이 시간이 뇌에는 아주 중요하다.

케큘레처럼 한 가지 주제를 깊이 있게 고민하다 보면 많은 정보가 머릿속에 들어차게 될 것이고, 깨어 있는 시간에 정리하지 못한 자료들이 잠자는 시간으로 넘겨질 것이다. 그 시간에 많은 정보들이 차분히 정리되고 핵심 내용만 살아남아서 그것들끼리 유용한 이미지나 개념을 합성해내는 것 같다. 케큘레의 똬리를 튼 뱀의 이미지도 그것들 중 하나였을 것이다.

아르키메데스의 경우도 마찬가지다. 시칠리아의 히에론 왕은 아르키메데스에게 자신의 왕관이 순금인지 은이 섞여있는지 알아내라고 명령했다. 그 당시로서는 왕관을 녹이지 않고는 알아낼 도리가 없는 문제였다. 왕의 명령을 어길 수 없었던 아르키메데스는 밤이고 낮이고 이 문제에 매달렸을 것이며 휴식을 하기 위해서 목욕탕에 가서도 마음속에서는 계속해서 그 문제를 골똘히 생각하고 있었을 것이다. 머릿속이 복잡한 채로 욕조에 몸을 담갔는데 부력에 의해 몸이 가벼워지는 느낌을 받았고, 바로 그때 무게와 부피의 관계에 대한 새로운 통찰이 떠올랐을 것이다. 물속에 있는 물체는 그 물체가 차지한 물의 부피만큼 부력을 받는다는 아르키메데스의 원리는 이렇게 발견되었다.

우리도 욕조에 몸을 담그면 아르키메데스처럼 몸이 떠오르는 것을 느낀다. 하지만 아무 생각 없이 부력을 느끼기 때문에 아무런 발견도 하지 못한다. 포기하지 않고 골똘히 어떤 문제에 매달리고 있는 사람에게는 사소한 풍경도 결정적인 힌트로 작용한다. 중요한 것은 '집요함'이다.

아이디어가 여간해서 떠오르지 않을 때 우리는 어떻게 하는가? 문제가 풀리지 않고 계속 고착 상태일 때 당신은 무엇을 하는가? 잠시 책을 덮고 산책을 하거나 케큘레처럼 잠깐 졸거나, 아르키메데스처럼 목욕탕에 가서 긴장을 풀거나 할 것이다. 하지만 휴식을 취할 때도 문제풀기를 포기한 것이 아니기 때문에, 무의식에서는 계속 해법을 탐색하고 있는 중이다. 휴식 중에도 집요함은 스스로 작동한다.

똑똑하게 쉬어야 새로운 생각이 온다

집요함은 창의성 발달에 필요한 요소임에 틀림없다. 그러나 이런 설명을 혹여 '쉬지 않고 계속 뇌를 써야 한다'는 말로 오해하지는 않을까 걱정된다. '집요함'의 반대인 '휴식' 또한 창의적인 발견에 꼭 필요한 요소라는 점을 잊어서는 안 된다. 앞에서 케큘레와 아르키메데스의 발견을 집요함의 관점으로 해석했지만, 같은 상황을 휴식이라는 관점으로 바라봐도 아주 잘 설명된다. 한 가지 주제에 대해 집요하게 생각하던 끝에 좋은 아이디어를 냈지만, 정작 결정적인 아이디어가 떠오른 것은 잠을 자거나 목욕탕에서 휴식을 취할 때였다.

그렇다면 아무 생각 없이 쉬고 있을 때 중요한 아이디어가 떠오르는 원리는 무엇일까? 이 궁금증을 풀기 위해서는 일할 때와 쉴 때 뇌가 어떻게 작동하는지 알아볼 필요가 있다. 미국의 신경의학자 마커스 레이클(Marcus Raichile) 교수는 양전자단층촬영(PET)을 하면서 뇌를 연구하던 중에 이상한 현상을 발견했다. 뇌 영역 중 일부가 사람이 쉬는 동안에만 활발하게 움직이는 게 감지되었다. 그 영역은 다시 과제에 몰입하자 도리어 활동을 하지 않았다. 지금까지 알고 있던 통념과는 반대되는 기이한 현상이 관찰된 것이다. 그는 이런 뇌 영역을 '기본상태 회로(Default Network)'라고 부른다. 아무것도 하지 않을 때 작동한다고 해서 붙인 이름이다.

일을 하지 않을 때 기본상태 회로가 활성화되는 되는 까닭은 무엇일까? 혹시 그동안 과제를 하면서 수집한 정보를 정리하고 평가하는 일을 하는 걸까? 이 궁금증은 스탠포드 대학의 그레이셔스(Michael Greicius) 교수가 해결해 주었다. 그는 쉬고 있을 때 서로 멀리 떨어져 있는 뇌의 여러 영역이 기능적으로는 긴밀하게 연결되어 작동한다는 것을 발견했다. 그동안 창의성 영역에서 신비로운 현상으로 여겨져온 '일 하지 않고 쉬는 동안에 나타나는 창의성'에 대한 궁금증이 해결된 것이다. 한가로이 휴식을 취하고 있을 때 기본상태 회로가 주변 정보들을 활발히 수집하고 정리하며, 또 멀리 떨어져 있는 정보들을 서로 연결 짓는다는 것을 알았다.

서로 멀리 떨어져 있는 관련 없는 정보들의 연합은 지금까지 없었던 새로운 것을 만들어낸다. 예를 들면, 관련이 전혀 없어 보이는 바퀴와 가방이 결합해서 캐리어(바퀴+가방=캐리어)가 되거나, 안경과 컴퓨터가 결합해서 구글 글라스(안경+컴퓨터=구글 글라스)가 되는 식이다. 아무 일도 하지 않고 멍한 상태로 있을 때, 비로소 바퀴가 전혀 관련이 없는 가방과 결합되다니, 뇌의 활동은 얼마나 신비로운가? 빈둥거릴 때 바빠지는 기본상태 회로는 휴식이 중요하다는 것을 뇌과학으로 보여준 좋은 예이다.

쉬는 시간조차 자리에 앉아서 책을 보라고 다그치는 선생님이 있다고 들었다. 그런 선생님께 감사하다는 인사를 드렸다는 부모님도 만났다. 방과 후에도 사정은 마찬가지다. 학원에 가야 하고 돌아와서는 과제를 해야 한다. 뇌의 작동원리를 모르는 어른들은 무조건 오랜 시간 책을 붙들고 앉아 있으라고 한다. 그래서 아이들의 뇌는 쉴 틈이 없고 기본상태 회로가 작동할 겨를이 없다. 뇌과학은 우리 아이들이 왜 창의적인 생각을 하기 어려운지 명확하게 알려준다. 나는 문제가 안 풀릴 때 너무 애쓰지 말고 하루쯤 푹 자두라고 말한다. 쉬는 동안에 뇌가 스스로 새로운 돌파구를 마련할지도 모르니까.

여러 가지 문제를 동시에 다루기

창의적인 사람의 특징을 나열한 목록 중에 '종결에 대한 저항'이라는 게 있다. 끝내지 않으려고 버티는 상태를 표현한 말이다. 종결에 대한 저항이 왜 창의적인 사람의 특징일까? 한 가지 일을 시작하면 깔끔하게 끝내고 다른 일로 넘어가는 사람을 보통은 일 잘하는 사람이라고 한다. 그런데 창의성 영역에서는 그렇지 않다. 창의적인 발견은 오랜 공을 들인 끝에 이루어지는 경우가 많은데, 그러기 위해서는 포기하지 않고 버티는 끈기가 필요하다. 빨리 끝을 보겠다는 조바심을 내지 않고 가장 좋은 해결책을 찾을 때까지 궁리를 계속해야 한다.

나는 요즈음 집을 짓고 있다. 오랜 아파트 생활을 청산하고 드디어 마당이 있는 집을 마련하는 중이다. 그런데 건축가와의 첫 만남에서 당황스러운 말을 들었다. 백 채 넘게 집을 설계했다는 관록의 건축가는 우리 집 설계를 일 년 동안 하겠다는 제안을 했다. 설계비를 더 받지는 않을 테니 시간을 길게 갖고 집을 구상해보자는 것이었다. 여유를 갖고 충분히 검토하는 게 나쁘지는 않겠지만, 그래도 일 년은 지나치게 길다는 생각이 들었다. 제안에 선뜻 동의를 하지 않자 건축가는 이런 말을 했다.

"같은 백 시간을 설계에 쓴다고 할 때 이 시간을 석 달 동안 집중적으로 쓰는 것보다 일 년 동안 조금씩 나누어 쓰면서 설계하는 것이 더 좋은 결과물을 만들어냅니다."

그렇다면, 해결되지 않은 문제를 놔둔 채로 휴식기를 갖고 얼마 후에 다시 시작하는 식으로 일을 하겠다는 것인데 처음 제안을 들었을 때는 솔직히 내키지 않았다. 그런데 얼마 후 창의성의 필요요소 중 하나인 종결에 대한 저항이 생각이 나면서 건축가의 제안이 이해되었다.

집을 설계하다 보면 전망, 단열, 건축물의 형태, 사생활 보호, 비용 등 여러 가지 고려해야 할 문제들이 생긴다. 설계자는 이 문제들이 서로 상충되지 않게 조율하면서 문제를 풀어가야 한다. 예를 들어 단열과 비용 문제, 전망과 사생활 보호 문제는 동시에 고려되지 않으면 안 된다. 이런 식으로 문제를 하나씩 해결하지 않고 여러 문제를 동시에 고민하면서 설계를 진행하려면 애매한 상황을 견딜 수 있어야 한다. 한 가지씩 깔끔하게 마무리 짓고 다른 문제로 넘어가고 싶은 유혹을 뿌리치지 못하면 좋은 설계가 될 수 없다. 건축가는 시간을 많이 갖고 이 과정을 반복할수록 좋은 설계가 나온다고 자신의 경험을 이야기해주었다. 나는 개인적인 사정으로 그 일 년 설계 제안을 수락할 수는 없었지만, 성급하게 결론을 내리지 않고 긴 시간 동안 더 많이 궁리하는 것이 창의적인 결과물을 만들어낸다는 원리를 전문가에게 직접 듣는 기회였다.

산만한 공부와 창의성

산만한 공부법이 뇌가 좋아하는 공부법이라는 것을 앞에서 다루었다. 그런데 산만한 공부법은 창의성 발달에도 도움이 된다. '산만함'은 일반적으로 좋은 의미가 아닌데 산만한 공부법이 이렇게 다방면에 좋다니 다소 의아할 것이다. 오해를 피하기 위해서 다시 설명을 덧붙인다면, 여기서 말하는 산만한 공부란 5분이나 10분에 한 번씩 의자에서 일어나 돌아다니는 것을 말하는 게 아니다. 반드시 지금 하고 있는 공부를 끝내야만 다른 과목을 시작한다는 공부 원칙을 버리고, 여러 과목을 동시에 펼쳐놓고 공부하는 산만함을 말한다.

부모님들은 아이가 책상 위에 여러 가지를 펼쳐놓고 앉아 있는 것을 보면 걱정이 된다. 하나라도 제대로 해야지 저래서 공부가 될까 하는 염려 때문이다. 한 과목씩 차근차근 하는 공부라야 믿음직스럽다. 그런데 창의성 발달의 관점에서 보면, 산만해 보이는 그 공부법이 오히려 도움이 될 수 있다. 어떤 과목을 공부하던 중에 참고할 만한 내용이 다른 과목에 있었던 게 생각나면, 하던 공부를 잠시 밀쳐 두고 그 책을 찾아보는 게 좋다. 과목으로 경계를 긋지 않고 필요한 정보를 여리저기서 찾아가며 공부하면 확장된 형태의 융통성 있는 지식을 쌓을 수 있다. 이런 공부법이 이해의 깊이도 더해주고 기억에도 도움이 된다. 무엇보다도 좋은 점은 이렇게 공부했을 때 기대하지 않은 참신한 아이디어가 떠오를 가능성이 크다는 것이다.

다음은 한 아이가 경험한 산만한 공부의 한 사례이다. 아이는 그날 과학 시간에 지구 온난화의 원인에 대해 배웠다. 그런데 복사열이라는 게 어떤 것인지 잘 이해되지 않았다. 몸으로 경험하기 어려운 지구의 대기권에서 일어나는 일이라 그런지, 설명을 들어도 개념이 잡히지 않았다. 그런데 집에 돌아와 복사열 부분을 다시 공부하다가 문득 얼마 전 사회 시간에 배웠던 비닐하우스 재배가 떠올랐다.

비닐하우스를 이용하면 겨울철에도 높은 온도를 유지할 수 있기 때문에 여름 과일인 수박, 토마토 등을 재배할 수 있다고 배웠다. 아이는 과학 책 위에 사회 책을 꺼내서 펼쳤다. 비닐하우스 재배는 난방 기구를 이용해서 내부를 덥히고 더운 공기가 밖으로 빠져나가지 못하게 비닐 막을 친 후, 그 안에서 과일과 채소 등을 재배하는 방법이다. 대기층이 지표면의 열기가 밖으로 빠져나가는 것을 막아서 복사열이 줄지 않는 것이 비닐하우스의 열 보존 원리와 비슷해 보였다. 과학 책과 사회 책을 나란히 펼쳐놓고 공부하는 게 겉으로는 산만해 보일 수 있지만 학습의 질은 더 높아졌다.

이처럼 어떤 과목을 공부하다가 어려운 개념을 만나 고심하던 중에 다른 과목 시간에 배운 유사한 개념이 떠올라서 "아하!" 하고 이해되는 경우가 있다. 두 과목을 배운 시간차가 많이 나더라도 머릿속에서 이런 협력이 일어날 수 있다. 이런 현상을 보고 영역 간 유추전이(analogical transfer between domains)가 일어났다고 말한다. 한 과목씩 순차적으로 공부한다는 원칙을 깨고 여러 과목을 통합적으로 고민하면서 공부한다면 이런 유추전이가 더 많이 일어날 것이다. 창의적인 아이디어는 영역 간 유추전이의 결과로 얻어지는 경우가 많다. 표면적으로는 다르게 보이지만 개념이나 문제의 구조가 동일한 경우에 위의 비닐하우스 재배와 지구의 복사열의 연결처럼 영역 간 유추전이가 잘 일어난다. 이런 전이를 통해서 역사적인 발명품들이 많이 탄생했다.

구텐베르크의 금속인쇄술이 그런 사례 중 하나이다. 그는 동전 주조와 식품 제조라는 상이한 영역에서 아이디어를 얻어 금속인쇄술이라는 발명을 이루어냈다. 건축예술 분야에서는 이 시대 최고의 건축물 중 하나로 꼽히는 호주 시드니의 오페라하우스가 영역

간 유추의 성공적인 사례이다. 바닷가에 세워진 이 건축물은 조개 껍데기라는 자연물에서 아이디어를 얻어 디자인한 것으로, 빼어난 조형미가 보는 이의 가슴을 설레게 한다. 자연과 건축예술이라는 두 영역이 만나서 만들어낸 위대한 창작품이다.

창의성을 생각하는 부모라면 아이가 국어 교과의 내용과 사회 교과의 내용을 연결하고, 과학 공부를 하다가 기술 책을 찾아보는 것을 산만하다고 나무라서는 안 된다. 다양한 영역을 통합하여 사고하는 것이 창의성 발달에 유용하다는 인식이 확산되면서 대학입시에도 통합논술이라는 과목이 생겼다. 통합논술 고사에서는 여러 교과 지식을 유기적으로 통합해서 새로운 관점을 제시하는 창의적인 능력을 평가한다. 따라서 모든 교과의 내용을 유연하게 넘나들면서 생각할 수 있어야 좋은 답을 쓸 수 있다.

우석이는 산만하다는 지적을 자주 받는 아이였다. 그런데 우석이와 이야기를 나누다 보면 유추를 잘하는 재능에 나는 깜짝 놀라곤 했다. 우석이는 이야기를 하는 도중에 “이를테면 전자가 원자핵 주위를 도는 것과 같은 원리라는 거죠?” 라든지, “세탁물을 섬유의 성질에 따라 분류해서 세탁하는 것과 같은 방법 아닌가요?” 같은 독특한 질문을 자주했다. 우석이의 머릿속에는 여러 영역의 정보와 지식이 동시에 활성화되어 작동되고 있는 것 같았다.

비판적 사고와 창의성

비판적 사고란 어떤 일을 대할 때 무조건적으로 받아들이지 않고 진위를 따지거나, 논리적으로 옳은지 검토하거나, 인과관계를 알아보는 등의 수렴적 사고를 말한다. 이런 비판적인 사고는 지금보다 나은 결과를 만들어내기 위해서 현재의 결론에 끊임없이 회의적인 질문을 던져야 하는 창의적인 사고 과정에서 특히 중요한 역할을 한다.

그런데 우리 사회는 비판적 사고를 다른 사람의 단점을 찾아 비난하는 부정적 사고로 오해하는 경향이 있다. 그런 이유 때문인지 아이들의 비판적 사고를 적극적으로 격려하는 분위기가 아니다. 나는 아이들에게서 "아니요" "제 생각은 달라요" "왜 그래야 하죠?"라는 말이 나오기를 기대하면서 의도적으로 대화를 이끌기도 하는데, 그런 반응을 하는 아이들은 매우 드물다. 비판보다는 동조하고 순응하는 것이 좋다는 생각을 아이들도 하고 있는 것 같다.

미래 사회에 요구되는 핵심 능력이 창의성이라고 말들은 하지만, 창의성이 비판적 사고를 기반으로 발전한다는 생각까지는 하지 못하는 것 같다. 새로운 아이디어가 기발한 착상에서만 나온다고 창의성을 이해한다면, 창의성의 기본 원리를 제대로 짚지 못한 것이다. 창의적인 아이로 자라기를 바란다면, 비판적인 사고를 하도록 격려하고 자극하는 분위기를 만들어줘야 한다.

여러 해 전에 창의성 개발을 위한 학교 교육 과정의 개발 연구에 참여한 적이 있다. 대상은 초등학교와 중학교였고, 국어와 수학 교과를 중심으로 교과서, 수업, 평가 등이 아이들의 창의성 발달에 적합하게 개발되어 있는지 검토해서 개선 방안을 제안하는 과제였다. 연구를 하면서 초등학교 국어 교과서를 오랜만에 보게 되었다. 교과서가 아이들의 언어 창의성 발달에 적합한 내용으로 잘 짜여져 있을지 무척 궁금했다.

내가 진행한 연구는 교과서를 '비판적 사고력'의 관점으로 분석하는 것이었다. 6개 학년의 국어 교과서 내용 전체를 분석하기에는 양이 너무 많아서 단원마다 나와 있는 학습 목표를 분석 대상으로 삼았다. 교과서에 실린 글의 내용을 직접 분석하는 대신에, 그 글을 어떤 교육적인 효과를 기대하고 실었는지 알아보는 게 좋겠다고 생각해서 단원 학습 목표를 분석한 것이다.

분석 결과, 비판적인 사고력 키우기를 학습 목표로 세운 단원이 전체 단원의 6%에 불과했다. 당시 초등 국어 교육의 목표에는 '정확하고 효과적인 국어 사용의 원리와 작용 양상을 익혀, 다양한 국어 자료를 비판적으로 이해하고, 사상과 정서를 창의적으로 표현하는 능력을 기른다'는 항목이 있었다. 6%는 그 목표를 무색하게 할 정도로 낮은 수치였다.

교과서는 겉으로는 창의성을 내세웠지만 내용은 미흡해 보였다. 특히 대상을 정확하게 이해하고 판단하는 비판적 사고력을 키우기에는 부족함이 많다는 생각이 들었다. 어쩌면 아이들이 있는 것을 그대로 받아들이고 배우고 익혀서 순응하기를 바라고 있는지도 모른다는 생각마저 들게 했다. 받아들이고 순응하고 말을 잘 듣게 하는 것은 창의력 개발과 동떨어진 교육 방식이다. 이제 창의력은 선택의 문제가 아닌 생존의 문제로 다가왔다. 교육 또한 현재의 질서를 유지하도록 훈련시키는 데 머물러서는 안 된다.

그때로부터 거의 십 년이 흐른 지금, 아이들이 공부하는 모습에서 학교가 달라지고 있다는 것을 느낀다. 학교 시험 문제에서도 내용을 외우기만 하면 답을 쓸 수 있는 문제의 수가 줄어들고, 대신에 비판적이고 창의적인 생각이 바탕이 되어야 풀 수 있는 문제의 수가 늘어나고 있다. 아이들은 이런 문제를 '어려운 문제'라고 한다. 스스로 쌓아올린 지식과 논리력 위에서 주어진 문제를 분석하고 판단한 뒤 답을 써야 하기 때문에 어렵다고 느끼는 것 같다. 반가운 변화라고 생각한다. 아이들이 왜냐고 자꾸 묻고 자기만의 관점으로 따져보는 일을 적극적으로 지도하고 격려했으면 한다.

창의성의 들숨, 비판적 사고

공부가 창의성 발달과 무관하지 않다는 것을 설명하기 위해서 창의성의 요소 중 특히 비판적 사고의 중요성에 대해 많은 이야기를 했다. 그렇다면 비판적 사고란 정확하게 무엇일까? 일리노이 대학의 로버트 에니스(Robert H. Ennis) 교수는 비판적 사고를 하기 위해서 필요한 능력을 다음과 같이 열두 가지로 정리했다.

- 진술의 의미 파악
- 추리 과정의 모호성을 판단
- 진술들 간 상호 모순됨을 판단
- 결론의 필연성을 판단
- 진술의 구체성을 판단
- 적용된 원리의 적합성을 판단
- 진술의 신빙성을 판단
- 유도된 결론의 정당성을 평가
- 문제 인식도를 판단
- 가정을 판단
- 정의의 적합성을 판단
- 주장된 전거에 따른 진술의 수용성을 판단

에니스에 따르면, 비판적 사고는 주로 어떤 사실을 판단하고 평가하는 능력이다. 판단과 평가를 하기 위해서는 기준이 있어야 한다. 기준을 세워 옳고 그름을 따지는 사고방식을 흔히 수렴적 사고라고 한다. 따라서 비판적 사고는 전형적인 수렴적 사고이다.

창의성을 말할 때 사람들은 흔히 확산적 사고만을 생각한다. 다양하고 유창하게 사고하는 것이 창의성의 핵심이라는 믿음이 오랫동안 우리 머릿속을 지배해왔다. 그런데 그것만으로는 충분하지 않다. 확산적 사고로 만들어낸 수많은 새로운 아이디어들이 쓸 만한 것들인지 평가하고 판단하기 위해서는 비판적인 사고가 반드시 필요하다. 에니스가 열거한 열두 가지 능력들을 하나씩 음미해보면 무엇 하나도 호락호락하게 "예스" 하고 넘기지 않겠다는 다짐이 들어 있는 것 같다. 바로 이런 태도로 현재의 것을 살피고 평가해야 보다 나은 새로운 것을 만들어낼 수 있다.

비판적 사고는 이렇게 새로운 발견으로 가는 통로를 지킨다. 일상생활 속에서 늘 비판적으로 사고하는 습관과 태도가 형성되어 있을 때 그 통로는 쉽게 열린다. 누군가의 의견을 듣고 고개를 갸우뚱하면서 '과연 그럴까?' '정말 그게 맞아?'라는 질문이 언제든지 튀어나올 수 있게 준비되어 있을 때, 그 사람의 비판적 사고는 잘 작동되고 있는 것이다.

창의성이 발현되기 위해서는 비판적 사고가 반드시 필요하다는 점에서, 비판적 사고를 창의성의 들숨이라고 표현해보았다. 교육철학자 존 듀이(John Dewey)도 '비판적 사고와 창조의 관계는 들숨과 날숨 같은 것이다'라고 말했다. 날숨이 있기 위해서는 반드시 들숨이 있어야 할 것이니, 이 둘은 분리될 수 없는 하나임을 뜻하는 것이다. 그는 또 비판이 따르지 않는 창의성의 발휘는 일회적이며 충동적인 분출에 지나지 않는다고 경고함으로써 창의성 발달에서 비판적 사고가 얼마나 중요한지 거듭 강조했다. 새로운 것의 발명은 기존의 것에 대한 아쉬움이나 불만 등에서 시작된다. 현재 사용하고 있는 것에 대해 완전히 만족한다면 새로운 것을 만들려고 하지 않을 것이다. 그러니 창조의 전제조건이 비판인 것은 너무도 당연하다.

아이가 공부만 잘하는 것에서 그치지 않고 창의적인 아이디어를 만들어내는 능력까지 갖추기를 바란다면 어떻게 이끌어주어야 할까? 창조를 위한 들숨인 비판적인 사고력을 길러주겠다고 마음먹었다면, 이 역시 훈련을 해야 한다. 모든 사고력이 그렇듯이 비판적 사고력도 하루아침에 만들어지지 않는다. 정확하게 이해하고 논리적으로 따져보고 오류 없이 판단하는 능력을 기르기 위해서는 평소에 계속 연습하고 노력해야 한다. 특별히 어떤 프로그램을 정해서 연습할 필요는 없다. 생활 속에서 일어나는 다양한 일들을 무심히 넘기지 말고 아이의 의견을 물어보는 것부터 시작하면 된다. 아이의 의견을 들은 다음에는 어른의 의견을 들려준다. 서로 의견이 다를 때 아이는 한 가지 사건이라도 관점에 따라 다양한 의견이 존재할 수 있다는 것을 배우게 된다.

다른 사람의 의견을 납득할 수 없을 때는 그냥 넘어가지 말고 왜 상대방이 그렇게 생각하는지 물어봐야 한다. 들을 때의 태도도 중요하다. 그 사람의 말에 논리적인 오류가 없는지, 가정은 적절한지, 지나친 비약은 없는지, 유도된 결론은 정당한지 등을 따져봐야 한다. 이것이 비판적으로 사고하기 훈련이다. 이때만큼은 너그럽게 봐주고 이해하고 넘어가는 미덕을 잠시 접어야 한다. '논리적으로 철저하게 따지고 봐주지 말 것', 이 원칙을 지켜가며 하나의 사건을 다루고 나면, 아이들은 많이 배우고 생각이 성장할 것이다. 그리고 이 시간들이 쌓이면 자연스럽게 비판적 사고력이 발달한 아이가 되어 있을 것이다.

뇌가 좋아하는 공부법은…

학원 다닐 때는 조금만 어려운 문제가 나와도 얼른 답지를 봤어요. 그런데 선생님은 어떻게든 20~30분씩 버티면서 생각해보라고 하셨어요. 신기한 건, 그렇게 해봤더니 못 푼다고 별표 친 문제가 풀리더라고요.

_ 고등학교 1학년 여학생 (용인시 수지구)

라이트너 박스를 이용해 영어 단어를 한 칸씩 옮기면서 외우는 건 재미있어요. 한 번 외웠다고 그만두지 않고 사흘간 연이어 외우니까 기억이 오래갔어요. 벼락치기로 외우면 다 잊어버렸거든요.

_ 중학교 1학년 여학생 (성남시 분당구)

처음에는 책을 안 보고 수업 내용을 떠올리면서 복습노트를 쓰는게 너무 어려웠어요. 그런데 점점 쓸 수 있는 내용이 길어지던데요. 안 보고 머리를 짜내서 써본 내용은 정말 오래가는 것 같아요.

_ 중학교 2학년 남학생 (서울시 서초구)

국어는 어떻게 공부할지 몰랐어요. 그런데 시를 외우라고 하셔서 이게 뭘까 했는데, 내용이 머릿속에 들어 있으니까 어떤 느낌인지 알겠더라고요. 책을 읽으면서 외우면 되니까 어렵지도 않았어요.

_ 초등학교 6학년 남학생 (용인시 수지구)

복습노트를 보고 깜짝 놀랐습니다. 체계도 안 잡히고 산만하게 과목당 몇 줄씩 쓰고 말았더라고요. 노트 한 권에 전 과목을 써서 다니는 것을 보고 걱정이 컸지요. 그런데 한 달 쯤 지나자 메모량이 늘고 아이도 차분해졌어요. 그 뒤로 몇 과목은 성적이 꽤 올랐습니다.

_ 중3 여학생의 엄마 (성남시 분당구)

14세까지 공부하는 뇌를 만들어라

김미현 지음

초판 1쇄 | 2017년 3월 5일 발행
초판 5쇄 | 2020년 8월 25일 발행

ISBN 979-11-5706-070-2 03370

만든사람들
편집관리 한진우
디자인 임연선
마케팅 김성현 김규리
인쇄 한영문화사

펴낸이 김현종
펴낸곳 (주)메디치미디어
경영지원 전선정 김유라
등록일 2008년 8월 20일 제300-2008-76호
주소 서울시 종로구 사직로 9길 22 2층
전화 02-735-3308
팩스 02-735-3309
이메일 medici@medicimedia.co.kr
페이스북 facebook.com/medicimedia
인스타그램 @medicimedia
홈페이지 www.medicimedia.co.kr

이 도서의 국립중앙도서관 출판예정도서목록(CIP)은
서지정보유통지원시스템 홈페이지(http://seoji.nl.go.kr)와
국가자료종합목록시스템(http://www.nl.go.kr/kolisnet)에서
이용하실 수 있습니다.